Christoph Killgus

Gräber persönlich gestalten

Liebevolle Ideen für pflegeleichte Grabgärten

Unter Mitarbeit von Christiane James

Das steckt im Buch

Grabgärten bereichern

Die wenigstens Menschen übernehmen freiwillig die gestalterische Verantwortung für ein Grab. In aller Regel führt ein Trauerfall in der nächsten Verwandtschaft dazu, dass wir uns plötzlich auch noch um ein Grab kümmern müssen. Kein Wunder, dass wir das zunächst eher als Pflicht denn als Chance verstehen.

Gerade, wo wir durch den Tod einen lieben Menschen verloren haben, kann es uns zur Hilfe und Bereicherung werden, wenn wir sein Grab gestalten und pflegen, es nach unseren zeitlichen Möglichkeiten hin und wieder besuchen. Und über den Erinnerungswert hinaus hat schon mancher entdeckt, dass es Freude macht, den kleinen Grabgarten über die Jahreszeiten hinweg zu begleiten. Manchmal ist das die einzige Möglichkeit, selbst gärtnerisch aktiv zu werden.

Dieses Buch versteht sich nicht als Schritt-für-Schritt-Arbeitsanleitung für die Gestaltung von Gräbern. Stattdessen will es vor allem Gedankenanstöße vermitteln und Sie ermutigen, Ihren ganz persönlichen Weg bei der Grabgestaltung zu finden.

Herzlich bedanken möchte ich mich bei Christiane James aus Straelen. Die bekannte Expertin für Friedhofsgartenbau hat mich bei vielen fachpraktischen Fragen in diesem Buch umfassend unterstützt.

Ich freue mich über Ihre Anregungen und Rückfragen zu den Themen dieses Buchs. Mailen Sie mir gern unter christoph.killgus.grabgaerten@email.de.

Christoph Killgus
Filderstadt

Grabgärten – Orte für Lebende

Friedhöfe können sehr schöne und erholsame Plätze sein, und trotzdem ist ein Gang zum Friedhof oftmals mit beklemmenden Gefühlen verbunden – dabei ist die Grabpflege für die Hinterbliebenen hilfreich, um die notwendige Trauerarbeit leisten zu können. Denn auch heute noch kann ein Grab ein ganz besonderer Ort der persönlichen Erinnerung sein. Aus ganz praktischer Sicht ist es wichtig zu wissen, welche Formen der Bestattung es gibt – sowohl, wenn man einen Angehörigen verloren hat, als auch wenn man sich Gedanken über die eigene spätere Ruhestätte machen will.

Erinnerung an Menschen beginnt dort, wo sie über ihren Namen zu finden sind – wie an dieser Wand, auf der die Namen von Kriegstoten festgehalten sind.

Friedhöfe sind bereichernde Orte

Ein sonniger warmer Tag im späten Frühling, ein schöner Platz auf einer Parkbank, Bäume bilden die grüne Kulisse, der Duft eines gerade verblühenden Fliederbuschs weht herüber und außer Vögelgezwitscher ist nicht viel zu hören: So etwa sieht ein paradiesischer Platz aus. Ein großer Garten? Ein Park?

Nein – es ist ein schöner Platz auf einem großen Friedhof. Wenn der Blick wandert, erfasst er zwischen der grünen Kulisse auch Grabsteine, Kreuze und viele blühende Inseln auf den Gräbern. Gerade in Ballungsgebieten sind Friedhöfe grüne Oasen, Naturräume, Ruheorte – und damit willkommene **Erholungsorte** für von Lärm und Hektik gestresste Großstädter.

Friedhöfe sind bereichernde Orte, und zwar für die Lebenden, nicht für die Toten. Erstaunlich, dass wir das oft eher umgekehrt sehen und empfinden. Aber woran liegt das? Wohl vor allem daran, dass wir wegen entsprechender Vorurteile kaum regelmäßig auf Friedhöfe kommen oder sie sogar meiden. Leichter tut sich tatsächlich, wer häufiger und auch schon als Kind Friedhöfe besucht hat und sie als bereichernde und interessante Orte kennengelernt hat.

Namen finden und sich erinnern

Meine Großmutter war jahrelang als Mesnerin einer Friedhofskirche tätig. Oft waren wir als Kinder mit ihr auf ihren Arbeitswegen in der Kirche, bei Beerdigungen und bei verschiedenen Gängen über den Friedhof unterwegs. Das waren keinesfalls düstere Erlebnisse, im Gegenteil: Die Großmutter war eine sehr kontaktfreudige Person und kannte dort in ihrer Heimatstadt zahlreiche Menschen. So waren auch die Friedhofsausflüge mit ihr immer **fröhliche Begegnungen** mit vielen anderen Leuten.

Mit Kindern auf dem Friedhof

Haben Sie je mit jüngeren Kindern und außerhalb einer Beerdigung einen Friedhof besucht? Dann haben Sie vielleicht erlebt, wie unbekümmert, aber keinesfalls unvorsichtig Kinder mit diesem besonderen Ort umgehen. Muss ich leise sein, um die Leute in den Gräbern nicht im Schlaf zu stören? Haben die Tiere auf dem Friedhof keine Angst vor ihnen? Solche Fragen helfen zu neuen Sichtweisen. Kinder nehmen ihre Lebensfreude und Direktheit auf einen Friedhof mit. Das kann für uns Erwachsene der Anstoß sein, unser nicht selten eingefahrenes Bild von diesem Ort zu überdenken.

Und auch die Kinder profitieren von einem Besuch auf einem Friedhof. So lernen sie einen selbstverständlichen Umgang mit einem Ort, der in den allgegenwärtigen Medien ansonsten oft entweder nur als Ort größter persönlicher Gefühlstragödien oder als Ort für Horrorgeschichten herhalten muss. Beides trägt eher selten dazu bei, dass jemand freiwillig einen Friedhof aufsuchen will.

Zum Friedhof, auf dem sie unterwegs war, hatte meine Großmutter keinesfalls nur dienstliche, sondern auch persönliche Bezüge. Einige ihrer Angehörigen waren dort bestattet und natürlich viele Freunde und Bekannte. Ihr eigener Mann war nicht aus dem Krieg zurückgekehrt. Für ihn gab es kein Grab und für uns damit keinen Ort wie bei anderen Verstorbenen, den wir hätten aufsuchen können. Umso wichtiger war es für uns Kinder gemeinsam mit der Großmutter, dass wir seinen Namen auf einer Wand mit zahllosen Namen von Kriegstoten suchen und finden konnten. Dass sein Name dort als Inschrift stand (und bis heute steht), bedeutete uns sehr viel. Interessant ist, dass die Kriegstoten über die Namenstafeln auf Mahnmalen bleibende Erinnerung finden, während von den in den gleichen Jahren Verstorbenen in traditionellen Gräbern nichts mehr zu finden ist, denn ihre Ruhezeit ist mittlerweile längst abgelaufen.

Gräber sind eindeutige Orte, um sich zu erinnern.

Einer der wichtigsten Aspekte von Friedhöfen ist, dass es dort eindeutige Orte gibt – Gräber –, die wir aufsuchen können und wo wir uns an die erinnern können, die mit uns gelebt haben und die uns sehr oft das Liebste gewesen sind.

Die Grenze zwischen Toten und Lebenden ist unüberwindlich, das ist ebenso hart wie wahr. Daran erinnern uns diese Orte sehr eindeutig. Aber genau damit helfen sie uns auch, mit dieser Unüberwindlichkeit zu leben.

Anonyme Beisetzung?

Nicht wenige Menschen lassen sich heute anonym beisetzen. Das heißt, ihre Asche wird auf einem extra dafür vorgesehenen Wiesenfeld ausgebracht, ohne dass der genaue Ort später noch erkennbar wäre. Der Grund für diese Bestattungsart ist häufig, eine möglichst kostengünstige Lösung für die Hinterbliebenen zu wählen, die so weder Grabpflege zu leisten haben noch Blumen zu Gedenktagen ans Grab bringen müssen. Allerdings gehen manche Menschen viel zu schnell davon aus, dass sie mit ihrem Grab nach ihrem Tod nur eine Last für ihre Angehörigen sind. Wer sich anonym bestatten lässt, verwehrt seinen Angehörigen einen bestimmten Ort, den diese besuchen können und meist auch wollen.

Keine Scheu vor Friedhöfen

Für viele sind Friedhöfe einfach Aufbewahrungsorte für die Verstorbenen, wenn nicht gar Entsorgungsorte. Wer diese Sicht von Friedhof hat, wird ihn kaum freiwillig aufsuchen.

Beerdigung als gesellschaftliches Ereignis: Zu unserem zwiespältigen Verhältnis zu Friedhöfen trägt bei, dass viele Menschen diese Orte nur noch von sehr wenigen Gelegenheiten kennen. Nur wenn ein enger Angehöriger oder ein sehr guter Freund gestorben ist, nehmen wir an Bestattungen teil. Das war früher anders: Damals war es üblich und gesellschaftlich auch erwartet, an Beisetzungsfeiern von Mitbürgern, Nachbarn und am Ort bekannten Leuten teilzunehmen. Heute ist das in diesem Umfang nicht mehr der Fall. Es ist nicht mehr üblich, zu Beerdigungen von Menschen zu gehen, die man nicht näher kennt.

Meine Mama

Du warst alles für mich,
mein Anker, mein Sonnenlicht.
Ich kann es immer noch nicht
verstehn, dass wir uns nicht mehr
sehn.
Ich will die Zeit zurück drehen,
Dich beschützen, einfach nur bei
Dir sein. Dich nicht gehen lassen.
Ich fühl mich so schrecklich allein.
Es ist so schwer, die Schritte ohne
Dich zu gehn. Wie soll ich das alles
überstehn. Mama, ich liebe Dich so
sehr, ich hab dich doch noch so
gebraucht.... Deine Anita

Wenig Kontakt mit der Vergänglichkeit: Eine mindestens so große Rolle spielt, dass wir vor Tod und Sterben eine größere Scheu haben. Beidem gehen wir aus dem Weg, wo immer möglich. Da wir unsere pflegebedürftigen älteren Menschen zum großen Teil in Heimen unterbringen – in denen sie häufig auch besser als zuhause versorgt werden können –, kommen viele von uns noch nicht einmal mit den Vorstufen des Sterbens in Berührung. Weil wir Alter, Schwachheit, längerer Krankheit und dann zuletzt dem Sterben in vielen Fälle gut aus dem Weg gehen können, ist klar, dass wir den Umgang damit oft nicht einmal ansatzweise gelernt haben.

Jeder bewältigt Trauerarbeit auf seine Weise.

Wir entwickeln in jungen Jahren oft eine Scheu vor Tod und Vergänglichkeit.

Es ist schon viel wert, wenn man sich diese Zusammenhänge einmal bewusst macht. Ein zweiter Schritt ist dann vielleicht, die als schwer empfundenen Themen nicht zu vermeiden und doch einmal den Weg auf einen Friedhof zu suchen oder auch an einer Beerdigung teilzunehmen, bei der es keine persönliche Verpflichtung gibt.

Oasen der Ruhe und Besinnung

Friedhöfe sind mehr als Orte mit vielen Gräbern. Sie sind grüne Oasen, Parkflächen, Ruhezonen.

Wegen der Ruhe, die auf Friedhöfen im Allgemeinen herrscht, sind sie gerade in Ballungsgebieten hervorragende Orte der Naturbeobachtung und

Waldfriedhöfe bieten viel Ruhe und besonders viele Nähe zur Natur.

Beschaulichkeit. Wer es schafft, in der Mittagspause oder nach einem anstrengenden Arbeitstag einige Minuten auf einer Friedhofsbank zur Ruhe zu kommen und die Natur um sich wahrzunehmen, wird überrascht sein: Es ist als ob man die Welten wechselt – aus dem hektischen, von Lärm und elektronischen Medien geprägten Alltag in eine ruhige Beschaulichkeit, in der die Zeit für einen Moment still stehen kann.

Lebensraum für Pflanzen und Tiere

Ein Spaziergang über den Friedhof, gerade im städtischen Umfeld, öffnet die Augen für die vielfältige Natur: für die landschaftliche Anlage des Friedhofs mit seinen Gehölzen und sonstigen Pflanzen, für die Bepflanzungs- und Anlageideen auf den Gräbern und auch für größere und kleinere Tiere, für die der Friedhof ein geschützter Lebensraum ist.

Als Ruhezonen und Oasen haben Friedhöfe einen besonderen Stellenwert.

Für Trauernde ist das grüne Umfeld besonders hilfreich: Sie können in den von der Natur geprägten Anlagen wenigstens ein kleines Stück Trost finden. Dass dort Tiere leben und Pflanzen und Blumen gedeihen, vermittelt unaufdringlich: Der Friedhof ist kein Ort, an dem der Tod die Vorherrschaft hat. Auf dem Friedhof ist Leben.

Ein therapeutischer Ort

Wenn engste Angehörige und Freunde gestorben sind und keine Beziehung mehr möglich ist, stürzt oft eine ganze Welt zusammen. Das Leben scheint nicht mehr lebenswert. Mancher kämpft mit einer Depression und dem Gefühl, dass doch alles sinnlos ist. Für Trauernde kann da gerade der Friedhof zu dem Ort werden, der **wieder ins Leben führt**.

Nach der Trauerzeit wieder ins Leben finden.

Der Gang zum Grab hilft – dem einen schneller, dem anderen manchmal erst über Jahre. Am Anfang fällt noch jeder Besuch schwer, aber mit der Zeit ändert sich etwas: Man verdrängt nicht mehr, dass der geliebte Mensch tatsächlich dort liegt und nicht wiederkommen wird. Die wiederholten Besuche am Grab helfen, eine Wirklichkeit anzunehmen, der man sich in der ersten Zeit der Trauer oft lieber verweigert. Insofern haben Besuche am Grab geradezu therapeutischen Wert. Und es tut manchmal gut, einfach nur dort zu sein, ohne mit jemandem reden zu müssen.

Öffentlich und doch privat

Friedhöfe haben meist eine wohltuende Eigenschaft: Einerseits sind sie öffentlich, andererseits bieten sie zugleich eine besondere Privatheit. Es wird respektiert, wenn jemand offensichtlich allein sein will, auch wenn oder gerade weil er trauert.

Für den Trauernden ist es Trost, allein am Grab stehen zu können und dennoch andere Menschen in der Nähe zu wissen. Diese Situation ist oft hilfreicher als die komplette Einsamkeit zuhause. Als Besucher auf dem Friedhof und am Grab merke ich:

Friedhöfe sind Orte der Erinnerung. Trauer ist hier leichter möglich als anderswo.

Trotz meiner unvergleichlichen Situation, trotz meiner Trauer, die kein anderer wirklich mitfühlen und mittragen kann, bin ich dort nicht allein.

Auf dem Friedhof gibt es viele Gräber – schon dies macht deutlich: Ich bin nicht der einzige, der mit Verlust und Trauer zurechtkommen muss. Und den Menschen, denen ich dort begegne, muss ich auch nicht erklären, was Verlust bedeutet.

Wer regelmäßiger das Grab eines Angehörigen besuchen

Persönliche Grüße helfen, Trauer auszudrücken.

kann, vielleicht zu festen Zeiten, wird im Lauf der Zeit auch auf den eher anonymen Stadtfriedhöfen den einen oder anderen Kontakt finden. Auf Dorffriedhöfen treffen sich die Leute, die sich ohnehin oft schon ein Leben lang kennen. Übrigens geschieht es gar nicht so selten, dass sich verwitwete Personen auf Friedhöfen näher kommen und daraus neue Lebensbeziehungen entstehen.

Denkanstöße fürs Leben

Wer Friedhöfe besucht, wird an den Tod und an die Vergänglichkeit aller Dinge erinnert. Zunächst ist das unangenehm, denn wir haben den Impuls, unser Leben durch Verdrängung vor allem Negativen zu schützen. „Lehre uns bedenken, dass wir sterben müssen, auf dass wir klug werden," ermuntert dagegen ein Vers der Bibel. Wer sich auf dem Friedhof, ob mit persönlicher Betroffenheit durch einen dort beigesetzten Angehörigen oder auch nur als besuchender Gast, die **Endlichkeit jeden Lebens** und eben auch des eigenen bewusst werden lässt, profitiert.

Ein Friedhofsbesuch kann zudem Wertigkeiten im Leben zurechtrücken. Schwierigkeiten, Streit, manche Alltagsprobleme werden in ihrer Bedeutung zurückgestuft – und andere Dinge, die zu Unrecht zu kurz kommen, erhalten eine neue Bedeutung.

Besonders nachdenklich machen können die Erinnerungs- und **Mahnmale** für die Toten der Kriege. Die große Zahl der Namen vielfach noch junger Menschen auf den Tafeln erschüttert. Wie viele Lebensjahre wurden wegen sinnloser Kriege nicht gelebt! An den oft gleichen und vor Ort verbreiteten Familiennamen wird deutlich, wie viele Familien damals gleich mehrfach von Tragödien betroffen waren.

Friedhöfe sind Orte gegen die Einsamkeit und Orte des Respekts fürs Allein-sein-Wollen.

Grabpflege hilft

Der Verstorbene selbst hat wohl wenig davon, ob sein Grab gepflegt oder ungepflegt ist, ob es regelmäßig mit frischen Blumen versorgt wird oder nicht. Selbst wenn er zu Lebzeiten ein penibler Mensch gewesen ist, dürfte ihn der Zustand seines Grabs nun nicht mehr kümmern.

Anderen kann die Grabpflege aber besonders hilfreich sein: Demjenigen, der sich um das Grab **mit Hingabe kümmert**. Es hat etwas Tröstliches, sich um die Person kümmern zu können, die einen verlassen hat. Ihr noch etwas Gutes tun zu können, auch wenn das ohne Antwort und Dank bleiben wird.

Freilich ist das nicht nur und erst auf dem Friedhof der Fall: Wer kranke Menschen pflegt, die keine Reaktionen mehr zeigen können, erlebt ebenfalls, dass viel eigener Einsatz wenig oder keine Anerkennung findet. Auch das ist nicht immer einfach zu ertragen – und deswegen umso wertvoller!

An vielen Orten wurden in den letzten Jahren Grabplätze für **Frühgeburten** eingerichtet. Auch diese außerhalb ihrer Mutter nicht lebensfähigen Menschen waren vollwertige und wertvolle Personen. Für ihre Eltern ist es ein besonderer Trost, dass auch diese Wesen ihren Platz auf dem Friedhof haben wie alle anderen, dass dieser Platz aufsuchbar ist und dass sie dort über Mitbringsel Liebe und Trauer ausdrücken können.

Hingabe kann etwas sehr Tröstliches sein.

Grabpflege und Trauerarbeit

Gräber sind sehr persönliche Orte: Orte der Erinnerung, der Trauer und des Verlustes, aber auch der Ermutigung und der Begegnung. Dem Verstorbenen in der Erinnerung und in Gedanken zu begegnen und von ihm Abschied zu nehmen – beides ist hier möglich.

Die Orte unserer Gräber leben von dieser Spannung: Einerseits erinnern sie an einen Menschen, an seine Geschichte und unsere Beziehung zu ihm. So sind es Orte, an denen diese Erinnerungen mehr oder weniger lebendig werden. Insofern sind es Orte der Nähe.

Gleichzeitig gilt: Der Verstorbene bleibt hier, am Ort des Grabs, er geht eben nicht mehr mit in das Leben außerhalb des Friedhofs. Das ist schmerzlich, insbesondere in der ersten Trauerzeit. Gleichzeitig ist aber genau das eine Hilfe, denn ich kann das **Grab als Ort der Trauer** zurücklassen. Trauer und Erinnerung haben mit dem Grab einen Platz in meinem Leben. Und eben das hilft, damit sie nicht auf Dauer den gesamten Platz beanspruchen.

Rechts: Einzelne Erinnerungsstücke bauen eine Brücke.

Nicht unbedingt derjenige, der das Grab ignoriert und nie besucht, wird am schnellsten und einfachsten mit Tod und Trauer zurechtkommen, denn häufigere Besuche am Grab gerade (aber nicht nur) in der ersten Zeit helfen, den Verlust zu akzeptieren, Abstand zur Trauer zu gewinnen und wieder zurück ins Leben zu finden.

Freilich ist es wichtig, daraus kein Gesetz zu machen. Niemand sollte sich zu Grabbesuchen verpflichtet fühlen, der das nicht will. Für manchen sind die Erinnerungen zu stark und zu lebendig – er kann einfach in einer ersten Trauerzeit nicht auch noch das Grab aufsuchen. Für ihn wird dieser Ort vielleicht später umso wichtiger. Und manchem ist es auch schlicht aus Entfernungsgründen nicht möglich, oft ans Grab zu kommen.

Grabpflege ist Abschied und Begegnung zugleich.

Vom Tröstlichen der Grabpflege

Bei einem Grabbesuch geht es um die persönliche Beziehung, die man zum Verstorbenen hatte. Unwillkürlich steht uns seine oder ihre Person vor Augen. Das eine oder andere Erlebnis, sei es positiv oder negativ, fällt uns wieder ein. Wo Unbeteiligte nur die kleine Fläche des Grabs sehen, ist für

Angehörige viel mehr – hier werden Erinnerungen wach, Bilder lebendig. Zu Beziehungen gehört Austausch, gehören **Gespräche** – und dazu wiederum gehören mindestens zwei. Am Grab ist gerade das nun nicht mehr möglich. Der Verstorbene antwortet nicht mehr und wird das auch in Zukunft nicht mehr tun.

Trotzdem führt mancher, der seinen Partner nach jahrzehntelangen gemeinsamen Jahren hergeben musste, ein fiktives Zwiegespräch mit diesem – und das wiederum tröstet, auch wenn das Gespräch in Wirklichkeit keines ist und die Kommunikation nur eine Einbahnstraße.

Aufs Grab zu gehen ist oft eine wohltuende Unterbrechung des Alltags.

Gerade deshalb kann es sehr hilfreich sein, ein Grab nicht nur zu besuchen, sondern sich auch pflegend um dieses zu kümmern. Worte erreichen den Verstorbenen nicht mehr. Wozu also soll ich mich immer wieder und länger am Grab aufhalten? Eigentlich will ich das, weil mir die Erinnerungen wichtig sind – aber einfach nur da zu stehen? Was am Anfang, wenn die Trauer frisch und überwältigend ist, kein Problem ist, wird auf Dauer schwierig.

Pflegeaufgaben rund ums Grab geben eine einfache Begründung, **da sein zu dürfen**, zum Grab zu kommen – ohne dass mich jemand fragt, ob es mir gut geht, weil ich lange Zeit einfach nur am Grab stehe.

Wer mit der Grabpflege beschäftigt ist, kann dabei seinen **Gedanken nachhängen**. Und wenn man mechanisch einfache Tätigkeiten verrichtet – und mehr als das ist Grabpflege selten – fällt es einem besonders leicht, gedanklich neue Wege zu finden.

Noch etwas Tröstliches hat die Grabpflege: Auch wenn der Verstorbene wohl kaum noch viel davon hat, dass es auf seinem Grab blüht und wächst – es ist immerhin eine Möglichkeit, wie ich anderen und mir dennoch zeigen kann, was er mir bedeutet (hat).

Wenn die lästige Pflicht zum guten Anstoß wird

Wer sich um ein Grab kümmert, übernimmt damit eine Aufgabe, die nicht nur immer dann anfällt, wenn es zeitlich und von der Motivation her passt. Zumindest in einem gewissen Zeitraum sollte das eine oder andere erledigt sein, wobei zum Trost gesagt sei, dass es kaum Arbeiten gibt, die sich nicht auch einmal einige Zeit verschieben lassen. Und der Pflegeaufwand für ein Grab lässt sich über die Art der Anlage und Gestaltung tatsächlich auch recht klein halten.

Die gelegentlich notwendige Grabpflege hat durchaus Positives: Sie ist ein Anlass (oder Anstoß), das Grab wieder einmal zu besuchen – und mit dem Besuch auch automatisch erinnert zu werden. Unsere Zeit geht auch nach einem tief einschneidenden Erlebnis wie dem Verlust eines Angehörigen sehr schnell wieder zur Tagesordnung über. Selbst als Betroffener kann man sich dem kaum entziehen. Berufliche Verpflichtungen lassen wenig Zeit, Ruhe und Stille zu suchen und über Trauer und Erinnerung mit dem Verlust zurechtzukommen. Deshalb kann ein auf den ersten Blick als lästige Pflicht empfundener Anstoß zur Grabpflege hilfreich sein – als Unterbrechung der Routine des normalen Lebens.

Erfreulicherweise lassen sich in Absprache und Zusammenarbeit mit Friedhofsgärtnern viele Zwischenstufen dafür finden, wie intensiv das eigene Engagement ausfällt und wo ein Dienstleister in die Bresche springen soll und kann.

Ein Grab als Anlass zum Nachdenken und Erinnern hinterlassen

Pflegezeiten am Grab, die aus dem hektischen Alltag herausholen und für ruhige Momente sorgen, sind nicht nur im Hinblick auf den Verlust durch den dort Beerdigten wertvoll. Die Ruhe auf dem Friedhof, die es so nur an wenigen Orten gibt, hilft auch beim Nachdenken über andere Dinge des Lebens und dabei, die eine oder andere größere Entscheidung aus der Ruhe heraus zu treffen. So betrachtet, leisten damit die Verstorbenen indirekt den Hinterbliebenen noch einen besonderen Dienst.

Dieser Gedanke mag gerade ältere Menschen ermutigen, im Blick auf ihre Angehörigen nicht einfach nur nach der einfachsten Lösung zu schauen und beispielsweise eine anonyme Bestattung zu wählen, bei der keinerlei Pflege mehr nötig ist, kein konkreter Ort mehr besucht werden muss – aber eben auch nicht kann.

Das Grab: persönlicher Ort der Erinnerung

Wir gehen an Gräber, um uns zu erinnern, um dem, der verstorben ist und der für uns als Person nicht mehr fassbar ist, mit dem wir uns nicht mehr unterhalten können, wenigstens an einem ganz bestimmten Ort in Gedanken noch nahe zu sein.

Eigentlich ist dieser ganz bestimmte Ort nicht unbedingt nötig. Schließlich ist Erinnerung überall möglich. Man kann sich beispielsweise einfach Fotos in einem Album oder auch in digitaler Form ansehen und das kann man überall tun. Trotzdem hat das Grab als Erinnerungsort immer noch einen besonderen Wert. Dort sind die sterblichen Überreste beigesetzt, das einzige Materielle und damit Fassbare, was von dem Verstorbenen geblieben ist. Gerade in unserer digitalen Zeit bekommen solche konkreten, fassbaren Dinge neue Bedeutung.

Ein Leben besteht aus vielen einzelnen Eindrücken. Das kann sich in der Grabgestaltung wiederfinden.

Trauerportale ergänzen Friedhöfe, ersetzen sie aber nicht

Längst gibt es auch Trauerportale im Internet, wo sich umfassende Erinnerungen an den Verstorbenen sammeln lassen. Vom Informationsgehalt her ist dort viel mehr möglich als an einem Grab auf einem Friedhof. Bilder und Videos lassen sich online stellen, Gäste können virtuelle Kerzen anzünden, Geschenke hinterlassen oder sich in ein Kondolenzbuch eintragen. Gerade in der ersten Trauerzeit kann das eine große Hilfe sein, vor allem, wenn Angehörige weit verstreut sind und über solch ein Portal eine gemeinsame Anlaufstelle für ihre Trauer haben. Trotzdem können solche virtuellen Angebote Friedhöfe und Gräber nicht ersetzen, nur ergänzen.

Der Weg ist ein Teil des Ziels

Dass ein Grab als geografischer Ort nicht ohne Aufwand erreichbar ist, mag auf den ersten Blick ein Nachteil sein. Aber eben das macht ihn auch wertvoll: Er ist nicht einfach überall und immer verfügbar. Ich muss mich auf den Weg machen. Es ist nicht damit getan, dass ich meinen PC anschalte und eine Seite aufrufe. Nur wenn mir das Grab oder genauer gesagt: derjenige, der dort beigesetzt ist, wichtig genug war und ist, werde ich den Weg auf mich nehmen. Zeit für Erinnerungen ist nicht erst, wenn ich angekommen bin, sondern eben schon auf der Anreise und auf dem Rückweg. Zeit, die guttut und doch so oft fehlt.

Gräber sind Erinnerungsorte von besonderem Wert.

Erinnerung schließt andere mit ein

Bei häufigeren Besuchen wird mir auch die Umgebung vertraut, das eine oder andere auffällig gestaltete, besonders akkurat oder auch besonders vernachlässigte Grab bleibt in Erinnerung – auch die Gräber mit besonders auffälligen biografischen Details, sei es die Ruhestätte des weithin bekann-

ten Mediziners oder das Grab des Kindes, auf dem immer frische Blumen stehen. Ob die Eltern über den Verlust je auch nur ansatzweise hinwegkommen? Gedanklich können eigenartige Verbindungen wachsen – zu den hier bestatteten Menschen, aus deren wenigen erfassbaren Lebensdetails mir ein eher schemenhaftes Bild vor Augen wächst ebenso wie zu den Angehörigen, aus deren Art und Intensität der Grabpflege sich ein ganzes Stück weit ablesen lässt, welcher Art ihre Beziehung zum Verstorbenen war.

Und so passiert es, dass auf Friedhöfen durch die zahllosen Namen manchmal mehr **Nähe und Gemeinschaftsgefühl** entstehen kann als in den menschenleeren Straßen, wie sie in unserer Gesellschaft oft an der Tagesordnung sind. Ein Friedhof ist eine Stadt en miniature, in der ich über einen Angehörigen auch einen persönlichen Platz habe.

Grabbesuche lassen Nähe entstehen.

Grab- und Bestattungsformen

Auf den Friedhöfen finden sich viele Grabformen – mehr, als man gemeinhin denken mag, und auch die Art der Beisetzung ist nicht automatisch vorgegeben. Sie haben durchaus die Wahl.

Bestattungsformen

Noch vor der Wahl eines Grabes muss man sich für die Form der Beisetzung entscheiden: Feuer- oder Erdbestattung. Bei der **Feuerbestattung** wird der Leichnam mit dem Sarg in einem Krematorium bei hohen Temperaturen verbrannt. Die verbleibende Asche wird in eine Urnenkapsel gefüllt, die dann mit einer schmückenden Überurne versehen wird. Danach kann die Beisetzung erfolgen.

Bei der **Erdbestattung**, die man auch als **Körperbestattung** bezeichnet, wird der Leichnam im Sarg in einem Erdgrab beigesetzt. Erst wenn klar ist, welche Form der Bestattung gewünscht ist, kann das Grab ausgewählt werden.

Die Erdbestattung ist in Deutschland die klassische Form der Beisetzung. In den letzten Jahren hat der Anteil der Feuerbestattungen jedoch stark zugenommen. Dabei spielen Kostenüberlegungen eine große Rolle – zum einen, was die unmittelbaren Beisetzungskosten betrifft, zum anderen, was die Grabpflegekosten betreffen, die natürlich von der Größe des Grabs abhängen.

Ein schlichtes und doch sehr individuelles Gemeinschaftsgrab.

Grabarten

Mindestens zwei Grabarten stehen heute auf den meisten Friedhöfen zur Verfügung: Reihengräber und Wahlgräber:

   ◦ Ein **Reihengrab** ist ein Grab für eine Beisetzung (im Gegensatz zum Kolumbarium). Die Gräber werden auf einem Feld der Reihe nach angelegt, daher der Name. Eine Wahl des Platzes ist ebenso wenig möglich wie die Verlängerung des Grabes nach Ablauf der Ruhefrist. Reihengrabfelder werden nach Ablauf der Ruhefrist eingeebnet, ehe sie neu belegt werden.

   ◦ Bei einem **Wahlgrab** kann man nicht nur den Platz für das Grab wählen, bei dieser Grabform ist auch ein Nachkauf nach Ablauf der eigentlichen Ruhefrist möglich. Familiengräber, die oft über Generationen gepflegt werden, sind Wahlgräber. Sie sind in der Regel für mindestens zwei Erdbestattungen ausgelegt. Familiengräber sind aber oft noch größer. Häufig ist neben der Beisetzung eines Sarges auch das Bestatten von Urnen in einem Wahlgrab möglich.

   ◦ **Urnengräber** werden wie Erdgräber als Reihen- oder Wahlgräber angeboten. Urnen müssen aber für die Dauer der Ruhefrist nicht in der Erde liegen. Deshalb gibt es auf vielen Friedhöfen **Kolumbarien**, in denen Urnen aufbewahrt werden können. Nach Ablauf der Ruhefrist müssen sie nach derzeit gültigem Recht in Erde beigesetzt werden. Das ist eine „Nachbestattung". Wird ein Kolumbarium angeboten, kümmert sich die Friedhofsverwaltung um die Nachbestattung.

Auch die kleinen Urnengräber lassen sich gärtnerisch gestalten.

DOROTHEA MAIERHOF
* 29.3.1957 † 18.4.2011

Gemeinschaftsanlagen – gute Alternativen?

Auf vielen Friedhöfen gibt es mittlerweile einen sogenannten **Memori-am-Garten** oder ein **gärtnerbetreutes Feld**, in dem Erdbeisetzungen möglich sind. Diese Gräber sind in der Regel Reihengräber, manchmal ist jedoch auch hier die Wahl eines bestimmten Platzes möglich. Diese neuen Bestattungsarten sind für all die Menschen eine gute Alternative, die das Grab nicht selbst pflegen wollen oder können.

Auch Urnen können in den erwähnten Memoriam-Gärten oder gärtnerbetreuten Feldern beigesetzt werden. Ebenfalls recht neu ist das Angebot von **Urnengemeinschaftsgräbern**, in denen je nach Platz bis zu 20 Urnen gemeinsam beigesetzt werden.

Mit anderen den richtigen Weg finden

Vielleicht gehören Sie zu den Menschen, die sich für ihre eigene Beisetzung schon Gedanken machen. Das ist nicht ungewöhnlich. Ganz gleich, für welche Form der Bestattung Sie sich entscheiden – überlegen Sie sich vorher gut, was Ihnen am meisten entgegenkommt. Ganz besonders wichtig ist dabei das Gespräch mit den engsten Angehörigen, also dem Partner, der Partnerin, den Kindern und den Enkelkindern. Gerade junge Menschen verstehen die Pflege eines Grabes heute oft wieder als etwas sehr Persönliches, das sie gerne machen wollen.

Unter Bäumen begraben?

*Auf einigen Friedhöfen werden für Urnen z. B. „Baumbestattungen" am Fuß eines großen Gehölzes angeboten. Häufig gibt es auch die Möglichkeit, die Urnen anonym auf einer Wiese innerhalb des Friedhofs beizusetzen. In diesem Fall kennt man den Platz nicht. Die Angehörigen haben auf den ersten Blick den Vorteil, dass sie sich um keine Pflege kümmern müssen. Vielen macht allerdings zu schaffen, dass sie keinen Ort aufsuchen können, an dem sie an den Verstorbenen denken können. Deshalb will die Entscheidung für eine **anonyme Beisetzung** gut überlegt sein. Das gilt auch für die Urnenbestattung in einem der mittlerweile rund 50 Bestattungswäldern in Deutschland. Die Forste sind oft abgelegen, wer häufig zum Grab gehen möchte, muss oft lange Wege auf sich nehmen.*

Grabgärten gestalten

Bei der Anlage und Gestaltung eines Grabes sind verschiedenste Aspekte zu bedenken und es gibt vieles zu entscheiden. Finden Sie Ihren ganz persönlichen Weg, über die Grabgestaltung Ihre Liebe zum Verstorbenen auszudrücken und etwas über ihn auszusagen. Dabei gilt es auch einige praktische Regeln zu beachten – zu Fragen des Stils, zum Pflanzen und Pflegen und zu den Gepflogenheiten auf dem Friedhof.

Das Provisorium vor der Grabgestaltung

Viele Menschen machen sich bereits kurz nach der Beisetzung Gedanken über die Gestaltung des Grabes. Doch Eile ist jetzt nicht notwendig. In der Regel wird die endgültige Gestaltung des Grabs ein Jahr nach der Beisetzung vorgenommen.

Das gilt vor allem für Erdgräber, in denen ein Sarg beigesetzt wurde. Bei Urnengräbern kann der Ablauf deutlich schneller sein, weil sie sich im Vergleich zu Sarggräbern deutlich weniger setzen.

Erst wenn Sie sich sicher sind, dass Sie den Standort gut kennen und die passenden Pflanzen aussuchen können, sollten Sie mit der endgültigen Gestaltung beginnen. Das Jahr bis zum Beginn dieser Arbeiten ist eine gute Zeit, um den Standort kennenzulernen und zum Beispiel auf den Nachbargräbern zu beobachten, welche Pflanzen Ihnen gefallen. Nichts ist teurer als eine schöne Pflanze, die nicht gut wachsen kann, weil sie am falschen Platz steht. Sich in dieser Phase Zeit für Beobachtungen zu nehmen bedeutet, sich besonders intensiv mit dem Verstorbenen und auch mit sich selbst auseinanderzusetzen. Lassen Sie sich Zeit!

Das erste Jahr

Bei der Grabgestaltung gibt es im Zeitablauf in einigen Regionen deutliche Verschiebungen. So kann das Grabzeichen zum Beispiel bei bestimmten Bodenarten deutlich früher oder später gesetzt werden. Da das Grabzeichen das bestimmende Element des Grabes ist, sollte sich der weitere Ablauf immer daran orientieren. Bis das Grabzeichen gesetzt wird, steht ein **provisorisches Holzkreuz** als Denkmal auf dem Grab. Jetzt ist noch viel Zeit, um sich Gedanken zum endgültigen Grabzeichen zu machen. Oft bekommt man auch erst in dieser Zeit den Kopf frei für neue Ideen und weicht dann deutlich von den ersten Vorstellungen ab.

Drei bis vier Wochen nach der Beerdigung werden Kränze, Sträuße und Schalen abgeräumt. Das **provisorische Grabbeet** wird angelegt. Es wird mit einjährigen Blumen bepflanzt, oft unter Verwendung von Gewächsen, die in den Schalen standen. Bei der Bepflanzung des Provisoriums können Sie gut testen, welche Pflanzen Ihnen gefallen. In dieser Zeit setzen sich Erdgräber noch, deshalb ist es manchmal notwendig, nachzupflanzen.

Sechs bis zwölf Monate nach der Beisetzung kann das **Grabzeichen** gesetzt werden. Diese Arbeit muss ein Fachmann, also ein Steinmetz ausführen, weil es hier auch um die Sicherheit geht, schließlich soll das Grabzeichen fest auf dem Grab stehen. Wenn das Grabzeichen gesetzt ist, kann die Dauerbepflanzung begonnen werden. Wird das Grabzeichen im Hochsommer oder Herbst gesetzt, reicht eine Abdeckung mit Tannenreisig für den Winter aus – dann wird man die Grabstelle erst im nächsten Frühjahr endgültig bepflanzen und der Vegetation so den besten Start ermöglichen, den sie bekommen kann.

Persönlicher Gestaltung sind keine Grenzen gesetzt.

Wenn die Besuche seltener werden

Etwa ein Jahr nach der Beisetzung wird der normale Pflanz- und Pflegerhythmus auf dem Grab aufgenommen. Jetzt ist meist die erste intensive Phase der Trauer in der Regel vorbei und es ist Zeit, seinem Leben wieder den normalen Rhythmus zu verleihen. Dazu gehören für viele Menschen regelmäßige Besuche am Grab. Mit der Zeit wird man seltener auf den Friedhof gehen und die Pflege vielleicht irgendwann einmal einem Fachmann überlassen. Das ist keine Lieblosigkeit, sondern der ganz normale Ablauf der Trauerphasen. Feste Termine spielen bei diesem Prozess keine Rolle, er ist so individuell wie das Grab, das Sie gestalten.

Wie finde ich zur endgültigen Gestaltung?

Die Gestaltung von Gräbern muss nicht problematisch sein. Fast jeder von uns hat Bilder von Friedhöfen und Gräbern im Kopf. Wer keine Idee hat, wie das Grab seines Angehörigen aussehen soll, kann sich bei den Gräbern in der Umgebung Anregungen holen.

Traditionelle Gestaltung

Mit der Bepflanzung lässt sich Wertschätzung und Dankbarkeit für ein vergangenes Leben ausdrücken.

Für viele sind Gräber ordentlich angelegte und gepflegte kleine Flächen, auf denen zudem blühende Pflanzen eine große Rolle spielen. Nach traditioneller Grabpflege ist die Gestaltung einigermaßen vorgegeben: Es gilt schlicht die vorhandene kleine Fläche **der Jahreszeit entsprechend** mit Blumen zu bepflanzen, sie ordentlich zu halten und das Grab **zu besonderen Tagen** wie dem Geburtstag oder Todestag des Verstorbenen oder auch zu allgemeinen Totengedenktagen und kirchlichen Feiertagen mit einem Blumenstrauß,

einem Gesteck oder Kranz zu schmücken. Von Region zu Region, teils von Ort zu Ort, können die Bräuche dann erheblich variieren.

Die traditionelle Grabgestaltung hat viele Vorteile und schöne Seiten: Zum einen lässt sich relativ leicht erfahren, was jeweils zu tun und zu lassen ist – darüber geben ganz einfach ein Großteil der anderen Gräber Auskunft und auch viele traditionelle Grabpflegebücher. Wer sich Gedanken über die Anlage eines solchen Grabs macht, geht am besten über den Friedhof und schaut sich in Ruhe andere Gräber an. So bekommt man relativ schnell ein Gefühl dafür, was ortsüblich ist und was man sich von den vor Ort zu findenden Varianten am ehesten auch selbst vorstellen kann.

Unterschiedliche Geschmäcker

Mittlerweile tun sich mehr und mehr Menschen mit einer Grabgestaltung schwer, die sich vor allem darauf beruft, dass man bestimmte Dinge schon immer so gemacht hat.

In der Gesellschaft gibt es längst keine breite Übereinstimmung mehr über das, was „man" tut, schon gar nicht bei Geschmacksfragen. Ob das gut oder schlecht ist, soll hier nicht diskutiert werden – Tatsache ist jedenfalls, dass die Zeiten, in denen die Menschen mit einem schmalen Angebot zufrieden waren, vorbei sind.

Und während sich früher mehr Leute ihre eigenen und eigentlich anderen Vorstellungen dem unterordneten, was als allgemeiner und weit verbreiteter Stil galt, wollen nicht wenige heute **ihre eigenen Vorstellungen verwirklichen** – unabhängig davon, ob diese viele andere teilen oder nicht. Die Stilvielfalt setzt sich dort schneller durch, wo jeder in recht großer Anonymität lebt – in der **Stadt**. Das wiederum war schon immer so. In **ländlichen Regionen** halten sich Traditionen noch intensiver – und Abweichungen von dem, was ortsüblich ist, werden kritischer beäugt.

Längst jedoch gibt es einen intensiven Trend dazu, dass die Menschen das Land verlassen und in Städten wohnen. Nach allen Prognosen wird sich dies weiter fortsetzen. Das bedeutet, dass das Interesse und die Möglichkeiten einer individuellen Grabgestaltung ebenfalls weiter zunehmen werden.

Trend zur individuellen Grabgestaltung.

Auch das Reglement hat sich verändert. Standen bisher Aussagen von **Friedhofssatzungen** im Raum wie „die Gestaltung der Gräber ist dem Gesamtcharakter des Friedhofs und der unmittelbaren Umgebung anzupassen", wird es schon ein Stück freier mit der Forderung „Gestaltung und Ausstattung der Grabstätten müssen der Würde des Orts entsprechen". Was aber, wenn die eigenen Vorstellungen sich deutlich von denen der Umgebungsgräber unterscheiden?

Wie weit dürfen sich Einzelne verwirklichen?

Vor wenigen Jahren ging der Fall einer Familie durch die Presse und die sogenannten sozialen Medien im Internet, allen voran Facebook. Der neunjährige Sohn dieser Familie war an einem Hirntumor gestorben. Die Eltern wollten das Grabmal mit dem Vereinslogo des Fußballclubs ausstatten, von dem der Junge Fan gewesen war. Gegen diese Pläne stellte sich der Friedhofsträger. Nach einem Sturm solidarisierter Entrüstung insbesondere im Internet lenkten die Verantwortlichen ein. Und in Gesprächen mit der Familie war dann doch viel mehr möglich, als das zunächst der Fall gewesen war.

Es geht an dieser Stelle nicht darum, zu bewerten, welche der beiden Seiten mehr im Recht war. Emotional stand die Mehrheit auf Seiten der Eltern, die ihr Kind verloren hatten, das überrascht nicht. Von der Sache her ist dagegen der Friedhofsträger zu verstehen, dessen Verantwortung es ist, nicht jeden individuellen Wunsch zuzulassen, weil ein Friedhof sonst zu einem Sammelsurium schräger Gestaltungen werden könnte – so zumindest die Befürchtung in unserem

Friedhofsträger werden offener für Sonderwünsche.

Land. Denken Sie an ein Neubaugebiet, in dem nicht zu Unrecht auch nicht jeder Bauherr seine eigenen Vorstellungen von Stockwerkzahl, Dachneigung und -farbe verwirklichen kann. Schließlich soll sich nicht nur der einzelne bis zum Maximalen verwirklichen dürfen, sondern das Gesamte soll auch noch ansprechend aussehen.

Pochten die Friedhofsträger früher einfach auf die Satzung und zeigten sich oft wenig nachgiebig, ändert sich dies in neuerer Zeit: Da die Friedhöfe heute mit immer knapperen Mitteln zurechtkommen müssen und der Flächenbedarf durch einen großen Anteil von Feuerbestattungen zurückgegangen ist, werden sie künftig Sonderwünschen vermutlich wieder offener als noch vor Jahren gegenüberstehen.

Das ganze Grab persönlich gestalten

Die Gestaltung von Gräbern wird zunächst wesentlich geprägt von der Person, die verstorben ist: von ihrem Wesen, ihrem Beruf, ihren Vorlieben. Oder genauer gesagt: davon, wie die Hinterbliebenen diese Person wahrgenommen haben und diese besonderen Erinnerungen gestalterisch umsetzen können und wollen.

Früher wurde die Person auf Friedhöfen in erster Linie durch die Inschrift auf dem Grabstein gewürdigt. Dort war vermerkt, wer Fabrikbesitzer, Arzt, Pfarrer oder Apotheker war. Im Übrigen wurde die Bedeutung der Person vor

allem über die Größe des Grabs und die Größe und den Wert des Grabmals dokumentiert. Für die weitere Grabgestaltung hatte die Person mit ihren Besonderheiten dagegen kaum Folgen.

Heute stellt sich die Sache anders dar: Schon finanzielle Gründe verbieten für viele Menschen, mit einem besonders wertvollen Grabstein den Verstorbenen zu würdigen. Unabhängig von den finanziellen Möglichkeiten sind die Grabgrößen auf Friedhöfen heutzutage weitgehend standardisiert, extra große Grabstätten aus rein repräsentativen Gründen eher die Ausnahme. Der heutigen Mentalität entspricht es weniger, über **materielle Zeichen** auf dem Friedhof besonders aufzufallen – wobei manches darauf hindeutet, dass es hier durchaus eine Renaissance geben könnte.

Wie auch immer, die Chance besteht heute, nicht mehr einfach über ein teures Grabmal den Verstorbenen zu würdigen – sondern eben über die **gesamte persönlich gehaltene Grabgestaltung**. Und die muss nicht unbedingt viel Geld kosten.

Wie bei einer Gartenanlage sind auch auf dem Friedhof sehr unterschiedliche Stile möglich.

Der begeisterte Bergsteiger, der leidenschaftliche Gärtner

Ist der Verstorbene ein leidenschaftlicher Bergsteiger gewesen, der jede freie Minute in der Natur unterwegs war, wird ein glatter Marmorstein und eine geometrisch angelegte Pflanzung ihm wohl eher nicht gerecht werden.

Auch so kann ein Grabzeichen aussehen.

Ein unbehauener Stein, vielleicht ein Findling, und eine naturnahe Anlage, die auch einmal ein bisschen verwildern darf, wird seine **Vorlieben** sicher viel mehr **widerspiegeln**.

Hat sich die Verstorbene immer besonders für Lavendel und für Südfrankreich begeistert? Was liegt da näher, als genau diese Staude zur zentralen Bepflanzungsidee zu machen, passend ergänzt durch helle Natursteine.

Für viele Menschen sind **Rosen**, vor allem duftende, absolute Lieblingspflanzen. Gemessen daran sind diese Pflanzen auf Gräbern viel zu wenig zu finden. Eine duftende Rose als zentrale Pflanzidee – stellen Sie sich vor, welche Erinnerungen beispielsweise bei einem Kind bleiben, das gemeinsam mit seinen Eltern das Grab der Großeltern besucht und den besonderen Duft in Erinnerung behält. Über ihren Tod hinaus können die Großeltern in so einem Fall ihre Freude an Pflanzen, am Garten und an sinnlichen Erlebnissen weitergeben!

Für viele Hobbygärtner spielen nicht nur Zierpflanzen, sondern auch **Obst und Gemüse** eine große Rolle. Warum nicht auf dem Grab dessen, der sich besonders für seinen Garten begeisterte, auch ein paar dieser Pflanzen unterbringen? Ein paar Erdbeeren? Oder einen nicht allzu stark wüchsigen Beerenstrauch?

Ob die Früchte dann tatsächlich gegessen werden, bleibt immer noch Ihnen überlassen. Wobei sich diese Frage gerade für kleinere Kinder kaum stellt – die sind viel unkomplizierter als wir Erwachsenen mit unserer Frage: Dürfen wir Obst, das auf einem Grab gewachsen ist, essen?

Persönliche Gegenstände finden

Nicht nur Pflanzen, auch Gegenstände, die viel mit dem Verstorbenen zu tun haben, können auf einem Grab Verwendung finden. Freilich sollten die Gegenstände wetterfest und dauerhaft sein. Außerdem sollten sie keinen allzu großen allgemeinen materiellen Wert haben, um nicht Anreiz zum Diebstahl zu geben. Was kann das also sein?

Elemente der persönlichen Verbindung fließen mit ein.

In so manchem Garten und Vorgarten finden sich **Deko-Elemente**, die in besonderer Weise an die Person erinnern – und deshalb ihren Platz auf dem Grab finden. Das kann ein Windlicht sein, eine Dekokugel, ein besonderer Stein, eine Kachel, ein dekorativer Topf, ein Wurzelstück, was auch immer in persönliche Verbindung gebracht wird.

Auf **Kindergräbern** spielen solche persönlichen Gegenstände eine große Rolle. Eltern statten das Grab häufig sogar mit einer Vielzahl von ihnen aus, mit einer ähnlichen Motivation, wie sie ihr Kind zu Lebzeiten zum Geburtstag oder Weihnachten mit Spielsachen beschenkt hätten, was nun nicht mehr möglich ist. Spielfiguren, Puppen, Windräder, Windlichter, kleine Fahrzeuge stehen oft in großer Zahl auf solchen Gräbern. Den Eltern geht es hier nicht um eine Gestaltung im ästhetischen Sinne, sondern ganz einfach darum, zu zeigen, wie sehr dieses Kind geliebt war und wie sehr es vermisst wird.

Mit Windrädern, Laternen und Spielfiguren bringen Eltern Liebe und Trauer zum Ausdruck.

Kindergräber sind oft wegweisend

Besonders auffällig ist, dass gerade Kindergräber eher selten in die Pflege von Friedhofsgärtnern gegeben werden. Deren zweifellos fachmännisches Wissen um Anlage und Pflege hat für Eltern nicht die große Bedeutung. Stattdessen spielt die ganz persönliche Gestaltung für genau dieses Kind in seiner Einzigartigkeit die viel größere Rolle.

Die Gräber von Kindern dürfen ermutigen, dass wir auch bei Erwachsenen viel mehr nach Wegen persönlicher Gestaltung suchen. Das Gestaltungsgebot darf lauten: so persönlich wie möglich, aber auch so nah an den allgemein auf dem Friedhof üblichen Gestaltungslinien wie nötig.

Aussagekraft von Symbolen

Zeichen und Symbole hatten auf Friedhöfen und Gräbern schon immer besondere Bedeutung. Der Sinn von Symbolen liegt darin, dass sie ohne Worte deutlich verständlich eine Botschaft weitergeben.

Symbole vermitteln, was demjenigen, der sie verwendet, wichtig ist, woran er glaubt und worauf er hofft. Dies ist freilich nur möglich, wenn die Symbole auch von anderen verstanden werden, sonst bleibt ihr Sinn verschlossen und unzugänglich. Und dies wiederum ist nur möglich, wenn die verwendeten Symbole auch eine größere Bekanntheit haben und nicht nur einer kleinen Gruppe von Menschen verständlich sind.

Freilich kann man Symbole auch in einer sehr persönlichen und exklusiven Weise verwenden und damit zufrieden sein, dass sie nur ein sehr enger Personenkreis versteht. Das schafft eine Art von Privatheit in dem kleinen Kreis derer, die eingeweiht sind.

Allgemeine Bekanntheit von Symbolen

Rechts: Das Kreuz steht für die Hoffnung auf die Auferstehung.

Auch hier erleben wir derzeit einen gesellschaftlichen Wandel. Die Zahl klassischer Symbole, die einer großen Mehrheit bekannt sind, wird eher kleiner als größer. Das hat viel mit einer Individualisierung der Gesellschaft bei Weltanschauungen und Lebensentwürfen zu tun. Stärker als früher gibt es zahlreiche weltanschauliche Varianten. Gleichzeitig hat die Zahl der Menschen, die zu einer der Kirchen gehören, deutlich abgenommen. Damit verlieren Symbole, die in kirchlichen Gebäuden und bei gottesdienstlichen Veranstaltungen regelmäßig verwendet werden, an allgemeiner Bekanntheit. Viel weniger Menschen als früher gehören einer der großen christlichen Kirchen an und haben im kirchlichen Unterricht die Bedeutung christlicher Symbole gelernt. Besonders stark ausgeprägt ist das in den Bundesländern der

Die Bekanntheit traditioneller christlicher Symbole hat abgenommen.

ehemaligen DDR. Während man in Süddeutschland die Bedeutung des christlichen Kreuzsymbols kaum jemandem erklären muss, ist eben dieses Symbol in Brandenburg oder Sachsen-Anhalt alles andere als allgemeinverständlich.

Andererseits haben heute **weltliche Symbole** aller Art größere allgemeine Bekanntheit als früher: So zum Beispiel die Logos und Signets von Fußballclubs. Es gibt mittlerweile schon Fanfriedhöfe zum Beispiel des Hamburger Sportvereins (HSV) oder auch von Schalke 04. Auch die Logos mancher Firmen haben weltweite Bekanntheit.

Über viele Medienangebote, darunter auch Fernsehserien und Computerspiele, kommen neue Symbole dazu, die allerdings jeweils nur den interessierten Teilgruppen bekannt sind. Der Anteil von Menschen aus anderen Kulturen und Religionen ist gewachsen, die ihre eigenen Symbolwelten mit sich zu uns bringen.

Insgesamt gilt also: Die Zahl allgemeinverständlicher Symbole hat stark abgenommen, viele Symbole sind nur noch Teilgruppen der Bevölkerung bekannt. Dessen sollte man sich bei der Wahl und Verwendung von Symbolen auf einem Grab bewusst sein.

Was Pflanzen bedeuten können

Rose: *Liebe*
Lavendel: *Reinheit, Erinnerung und Zuversicht*
Veilchen: *Bescheidenheit und Demut*
Narzisse: *Schlaf und ewiges Leben*
Christrose: *Hoffnung*
Heidekraut: *Ausdauer und Beständigkeit*
Hortensie: *Werden und Vergehen*
Ringelblume: *Zuversicht und ewiges Leben*
Schneeglöckchen: *Reinheit*
Vergissmeinnicht: *Raten Sie mal!*

Was Pflanzen bedeuten

In früheren Zeiten spielte die Aussagekraft von bestimmten Pflanzen eine große Rolle. Das Wissen darum ist in Fachkreisen nicht verloren gegangen, in Büchern können Sie hierzu viele Informationen finden, einige Beispiele nennt der Textkasten. Die Symbolik von Pflanzen wird in Veröffentlichungen tatsächlich noch erstaunlich hoch gehalten. Die Wirklichkeit sieht aber anders aus: Auf den Gräbern spielt sie so gut wie keine Rolle mehr.

Die Pflanzenvielfalt ist heutzutage viel größer als früher – will tatsächlich jemand mit einer besonderen Pflanze symbolisch etwas ausdrücken, wird das kaum wahrgenommen werden. Dazu kommt, dass die Bedeutung bestimmter Pflanzen oft so vielfältig ist, dass sie schwierig fassbar ist. Und: Viele von den Pflanzen, denen eine besondere Bedeutung zugesprochen wurde, sind kaum als Pflanze bekannt – wie könnten sie dann noch entsprechend symbolisch etwas bewirken?

Die symbolhafte Verwendung von Pflanzen war früher weiter verbreitet.

Aber grundsätzlich gilt: Eine rote Rose spricht als Pflanze der Liebe für sich. Und möglicherweise lässt sich auch vermitteln, dass immergrüne Pflanzen, wie der Efeu, etwas von der Hoffnung auf ewiges Leben weitergeben.

Lassen wir die Einzelpflanzensymbolik also besser ruhen, sie nützt uns heutzutage nicht mehr allzu viel. Sehen wir es dagegen als großes Zeichen insgesamt, dass Pflanzen und Blumen auf unseren Gräbern verwendet werden. Wer in anderen Ländern schon Friedhöfe besucht hat, weiß, dass das keinesfalls selbstverständlich ist – oft sind die Gräber nur Steinmale und werden sich selbst und der Natur überlassen.

Dass unsere Gräber bepflanzt sind, sagt viel: Pflanzen stehen für **Wachstum und Leben**. Blühende Pflanzen machen Freude und Hoffnung. Es ist ein schönes Zeichen, wenn es auf unseren Gräbern grünt und blüht. Wie kalt und tot wirkt es dagegen, wenn Gräber komplett mit einer Steinplatte abgedeckt sind. Wie wir die Gräber bepflanzen, ist wiederum zweitrangig und vom persönlichen Geschmack abhängig. Das darf so sein – wie unsere Gärten je nach Besitzer eben auch sehr unterschiedlich sind.

Farben sagen viel

Pflanzen bringen Farbe.

Symbolhaft spielen lässt sich auf einem Grab mit Farben – deren Bedeutung und Wirkung ist auch in unserer Zeit noch weit bekannt. Rot steht für Liebe und für starke Gefühle, ein von viel Weiß geprägtes Grab verströmt Ruhe

und Frieden, auch Blautöne gehen in diese Richtung. Gelbtöne strahlen und erinnern an die Sonne und ihre Wärme.

Es liegt auf der Hand: Pflanzen eignen sich besonders gut, um mit Farben zu arbeiten. Während ein farblich sehr auffälliger Grabstein selten überzeugen und schnell als anstößig und unpassend empfunden wird, wirken Farben aller Art von Pflanzen bedeutend natürlicher. Wer sich bei seinen Farbwünschen auf die Pflanzen konzentriert, muss sich damit auch nicht auf alle Zeit festlegen.

Eine unterschiedliche Farbwirkung entsteht, je nachdem, ob mehrere bunt gemischte Farben verwendet werden oder nur eine einzige. Eine **bunte Mischung** kann für Lebensfreude stehen oder auch Dankbarkeit ausdrücken für das, was an Vielfältigem gewesen ist. Auch auf Kindergräbern finden sich oft viele bunte Farben, einfach deshalb, weil Kindern so etwas meist sehr gefällt.

Wer sich auf wenige Farben konzentriert und eher **Ton in Ton** arbeitet, sorgt für eine ruhigere Ausstrahlung, die viele in einer Trauersituation eher als angemessen sehen. Aber auch hier ist das Empfinden durchaus verschieden.

Aussagekraft von Zeichen und Formen

Das bekannteste Zeichen auf dem Friedhof und auf Gräbern ist das **Kreuz**. Zunächst ist dies erstaunlich, denn das Kreuz ist ein Zeichen des Todes – in der Antike wurden daran Menschen hingerichtet. Das war eine besonders grausame Variante der Todesstrafe. Auf diese Weise starb auch Jesus, das Kreuz weist auf seinen Tod hin. Zum Hoffnungszeichen wird das Kreuz deshalb, weil Christen darauf bauen, dass nach der biblischen Botschaft Jesus drei Tage nach seinem Tod von Gott zu neuem Leben erweckt wurde. Durch seinen Tod hat er den Tod für alle besiegt. Seine Auferstehung gibt Hoffnung auf die Auferstehung aller Toten. Insofern gibt

Kreuz und Fisch sind starke christliche Symbole.

es für das christliche Kreuzzeichen auch keinen Ort, an dem es mehr Berechtigung hat, als den Friedhof! Das Kreuz verdrängt den Tod nicht, im Gegenteil, es greift ihn unmittelbar auf – und gleichzeitig steht es dafür, dass der Tod nicht das letzte Wort hat, dass er besiegt ist und dass die nach menschlichem Ermessen letzte Grenze überwunden ist.

Vielerorts ist es üblich, dass bevor der dauerhafte Grabstein oder das dauerhafte Grabzeichen steht, als Übergang ein Holzkreuz mit dem Namen und den Lebensdaten des Verstorbenen in den Grabhügel gesteckt wird. Auch viele Grabsteine und -zeichen greifen das Kreuzsymbol auf. Eher selten wird es gestalterisch beispielsweise mit Pflanzen aufgegriffen.

Verwiesen sei auf ein weiteres christliches Symbol, das in neuerer Zeit recht bekannt geworden ist: der **Fisch**. Als Symbol und Glaubensbekenntnis ist er häufig auf den Hecks von Autos zu sehen. Das hat einen sprachlichen und historischen Hintergrund: Im Altgriechischen heißt Fisch „Ichthys", und die einzelnen Buchstaben standen in dieser Sprache wiederum für die Anfangsbuchstaben von Jesus – Christus – Gottes Sohn – Retter. Gern wird der Fisch eben auch als lebendiges Wesen verstanden, der auch mal gegen den Strom schwimmt. Er ist ein christliches Symbol, das in der heutigen Zeit oft leichter zu erklären ist als das Kreuz – und sich deshalb sicherlich künftig auch noch mehr auf Friedhöfen finden wird. Hier sind vielfältige gestalterische Umsetzungen gut vorstellbar.

Steine als Symbole

Zu den Symbolen, die sich in den letzten Jahren recht weit verbreitet haben, gehören kleinere Steine, die als Mitbringsel auf den Grabstein gelegt werden. Diese Sitte ist besonders auf jüdischen Friedhöfen verbreitet und von dort bekannt. Sie reicht weit in die Antike zurück und wird damit begründet, dass damalige Grabhöhlen mit einem runden Stein verschlossen wurden, der weggewälzt werden konnte und zu dessen Sicherung kleinere Steine verwendet wurden. Diese Funktion ist längst nicht mehr nötig, die kleinen Steine sind einfach ein Gruß für den Verstorbenen.

Links: Der Fisch ist ein altes Zeichen der Christen, das in den letzten Jahren von vielen neu entdeckt wird.

Besucher hinterlassen kleine Steine als Gruß.

Kleine und unterschiedliche Steine als Gabe auf einem Grabstein zu hinterlassen hat einen ganz praktischen Wert: Die Steinchen sind wetterfest, können nicht verweht werden und haben keinen großen materiellen Wert, der zum Diebstahl einladen würde. Gleichzeitig ist die Zahl der an einem Grab hinterlassenen Steinchen auch ein Hinweis darauf, wie oft das Grab besucht wird und damit darauf, wie viel der Verstorbene noch Lebenden bedeutet.

Steine als Mitbringsel sind ein Brauch aus der Antike.

Bezüge zum Verstorbenen finden

Die Friedhofsgärtner in Deutschland machten vor wenigen Jahren mit einer Kampagne „Es lebe der Friedhof" auf sich aufmerksam. Dazu gehörten Plakate und eine Internetseite (www.es-lebe-der-friedhof.de), sogar mit Fernsehspots wurde geworben.

Die Kampagne hat recht eindrückliche Motive gewählt: Da wurde beispielsweise das Grab eines begeisterten Anglers gezeigt, das als Teich mit Seerosen angelegt ist. Eine mit Blumen gestaltete Farbpalette stellt das Grab einer Malerin dar. Ein mit einem Sonnenblumenfeld belegtes Grab vermittelt die Lebenswelt des Landwirts, ein von Lavendel stark dominiertes Grab zaubert den Garten einer ehemaligen Provence-Liebhaberin. Eine Rasenfläche samt Loch schafft Golfplatzatmosphäre im Kleinen für einen verstorbenen Liebhaber dieses Sports.

Spätestens mit der Komplett-Wasserfläche war klar, dass die Entwürfe nicht als unmittelbare Gestaltungsempfehlung verstanden werden sollten, sondern lediglich als deutlicher Anstoß dafür, die Chancen einer an der Person des Verstorbenen orientierten Gestaltung zu sehen. Diese Intention wurde allerdings selbst in Friedhofsgärtnerkreisen nicht überall verstanden. So mancher Gärtnerkollege versuchte, die Werbemotive 1:1 nachzupflanzen. Trotz aller Missverständnisse: Die Werbekampagne hat Bewusstsein dafür geschaffen, dass Grabgestaltung eine sehr **individuelle** Sache sein kann und dass es nicht um **Standardlösungen** geht.

Grabgestaltung soll zur Person des Verstorbenen passen und damit individuell sein.

Ziel der Friedhofsgärtnerkampagne war, für eine Grabgestaltung zu werben, die zur Person des Verstorbenen passt, genauer gesagt, zu dem, was dieser Person im Leben wichtig war und wie sie als Persönlichkeit zur Bereicherung wurde.

In der Realität bleibt da allerdings noch sehr viel zu tun, und zwar für Laien ebenso wie für Friedhofsgärtner! Vielerorts sehen sich auch die von Gärtnern betreuten Gräber recht ähnlich und bleiben hinter dem Anspruch individueller Gestaltung weit zurück. Dafür gibt es gute Gründe: Grabpflege kostet Zeit und Geld – und die meisten Kunden wollen diese Dienstleistung so günstig wie möglich erhalten. Das geht allerdings nur, wenn die Grabpflege stark standardisiert ist, was nun wiederum einer Individualisierung

Der persönliche Bezug wird deutlich herausgestellt.

entgegensteht. Insofern wird es gemeinsame Aufgabe von Friedhofsgärtnern wie interessierten Grabgestaltern mit unterschiedlichem Hintergrund sein, hier gemeinsam neue Wege zu finden und zu entwickeln!

Finden Sie berufliche Bezüge

Ein wichtiger Ansatz, um der Person des Verstorbenen gerecht zu werden, ist der Beruf. Häufig, allerdings gerade früher nicht immer, haben Menschen ihre Berufe in eigener Entscheidung gewählt. Besonders erfreulich ist es, wenn der Beruf nicht nur als Pflicht ausgeübt wurde und deshalb, weil man sich eben mit irgendeiner Tätigkeit den Lebensunterhalt verdienen muss, sondern aus Begeisterung. Wenn der Beruf zur Berufung wird, ist das der Idealfall. Solche Menschen empfinden Arbeitszeit nicht als Zeit, die ihnen als Freizeit fehlt, sondern als Bereicherung und Erfüllung. Aber auch Menschen, die keine derart intensive Beziehung zu ihrem Berufsfeld entwickelt haben, identifizieren sich doch mit ihrem Tun und interessieren sich häufig auch im Ruhestand noch für das, was in ihrer ehemaligen Firma passiert.

Was bietet sich mehr an, als diese **Freude am Beruf** in irgendeiner Form für die Grabgestaltung aufzunehmen? Früher geschah das vor allem über den **Grabstein**. Beim Name wurde vermerkt, welchen Beruf der Beigesetzte hatte, vor allem dann, wenn dieser Beruf mit besonders viel Ehre und Anerkennung verbunden war. Ergänzend gab es in direkter oder symbolischer Form Zeichen und Bilder, die auf dem Grabstein auf den Beruf hinwiesen.

Dafür spricht manches: Diese Lösung ist eindeutig und unzerstörbar, solange der Grabstein steht – und das ist in aller Regel für die ganze Laufzeit der Fall. Das ist die einfachste Art und Weise, dauerhaft etwas Persönliches festzuhalten. Außerdem sind im Grabstein fixierte Informationen zum Verstorbenen auch unabhängig von jeder Pflege.

Diese Vorgehensweise ist auch dann sinnvoll, wenn der Verstorbene so gut wie keine Beziehung zur Natur hatte und über kreative pflanzlich-symbolische Gestaltungsversuche wohl eher seinen Kopf schütteln würde. Für die Bepflanzung des Grabs reicht es dann aus, wenn diese ansprechend und pflegeleicht ist und letztendlich vor allem den Hinterbliebenen gefällt und entgegenkommt.

Für einige Berufe bietet es sich an, gerade beim Grabzeichen, dem Grabstein, den beruflichen Hintergrund aufzugreifen. Beispielsweise für diejenigen, die automatisch mit einem bestimmten Material oder Produkt in Verbindung gebracht werden. Für einen Schreiner, Tischler oder Zimmermann liegt ein Holzzeichen einfach nahe – und für die vielen Menschen, die im Metallbau tätig waren, bietet sich ein Grabzeichen aus Metall viel mehr an als ein klassisches aus Stein. Vorab zu klären ist dabei jeweils, was die örtliche Friedhofssatzung zulässt und was nicht.

Links: Ein Weinfass steht für das Leben eines Winzers.

Wenn die Natur eine große Rolle gespielt hat

Eine ganze Reihe von Berufen ist mit der Natur eng verbunden, etwa die klassischen Tätigkeiten der Landwirte, Gärtner oder Förster. Da liegt es nahe, der pflanzlichen Gestaltung besondere Aufmerksamkeit zu widmen, was – und das kann nicht oft genug gesagt werden – keinesfalls besonders viel Aufwand und Arbeit bedeuten muss, sondern lediglich heißt, dass sich einige Gedanken vor der Grabanlage lohnen.

Stellen Sie sich einen **Schienenwärter** vor, der im Lauf seines Berufslebens zahllose Kilometer Bahngleise entlanggelaufen ist – immer im Schotterbeet, aber von so mancher Pflanze begleitet, die sich in dieser Steinlandschaft richtig wohlfühlt. Für diesen Menschen könnte man das Grab so anlegen, dass es an die karge Schotterlandschaft mit so mancher prächtig blühenden Pflanze aus seinem Berufsleben erinnert. Durchaus denkbar wäre in diesem Fall sogar, ein Teil einer Bahnschwelle oder gar eines Gleisstücks in die Gestaltung mit einzubeziehen.

Für Gärtner und Landwirte drängen sich Gestaltungsbeispiele geradezu auf – für den **Gärtner** gibt es allerdings so viele Möglichkeiten, dass man hier auf die Lieblingspflanzen des Verstorbenen zurückgreifen sollte. Für den

Viele Gestaltungsmöglichkeiten bieten Gräber für Menschen mit Berufen, die mit der Natur zu tun hatten.

Landwirt bietet es sich an, teilweise mit Feldfrüchten zu arbeiten. Wie schön wird es sein, wenn auf einem Grab wenigstens eine kleine Fläche mit Weizen treibt und wächst.

Viele Landwirte sind im christlichen Glauben verwurzelt. Wer Ackerfrüchte für die Gestaltung einsetzt, schafft hier zusätzlichen symbolischen Wert, zum Beispiel beim Getreide: Jesus hat dieses in Beispielgeschichten und Vergleichen immer wieder verwendet. „Wenn das Weizenkorn nicht in die Erde fällt und erstirbt, bleibt es allein; wenn es aber erstirbt, bringt es viel Frucht," (Johannes 12,24) lautet ein Wort, das viel Hoffnung vermittelt.

Keine Scheu vor Nutzpflanzen!

Insgesamt besteht auf unseren Friedhöfen noch eine große Scheu davor, Nutzpflanzen zu verwenden. Das hat sicherlich traditionelle Gründe: Wir sind seit Kindheit daran gewöhnt, die Gräber mit Blumen zu schmücken. Sie gelten als das Wertvollste, was die Natur zu bieten hat. Allerdings leben wir in einer vom Überfluss geprägten Zeit, die nicht ständig dokumentieren muss, dass jemand in der Lage ist, das Beste zu geben, das gilt auch für den Friedhof. Nutzpflanzen mögen nicht so auffällig und dekorativ sein wie dauerblühende Einjahrespflanzen oder saisonblühende Stauden (oft können sie allerdings durchaus mithalten!). Dafür eignen sie sich aber besonders dort, wo jemand einen besonderen Bezug zu ihnen hatte oder wo sie auch einen symbolischen Wert haben.

Sicherlich gibt es auch emotionale Gründe, warum wenig Nutzpflanzen auf Friedhöfen stehen. Wir denken an den Verstorbenen, dessen Körper oder Asche da unten begraben liegt. Die Pflanze erschließt mit ihren Wurzeln das Erdreich, nimmt Nährstoffe auf – und die Vorstellung, dass sich in den essbaren Früchten oder Blättern der Pflanze irgendwie auch der Verstorbene wiederfindet, ist vor allem für uns meist der Natur stark entfremdete Menschen gewöhnungsbedürftig. Wer die Zusammenhänge ein wenig reflektiert, wird sie aber als natürlich und vielleicht sogar ein wenig tröstlich empfinden.

Auch Städter haben neuerdings wieder eine Vorliebe für Nutzpflanzen: Urban Gardening, das Gärtnern in der Stadt, ist ein großer Trend. Auf kleinen Flächen werden Gemüse und Kräuter und mehr angebaut. Was liegt näher, als einem begeisterten Stadtgärtner, der verstorben ist, im Urban-Gardening-Stil ein besonderes Gärtchen anzulegen? Zugegeben: Das ist noch kaum verbreitet und manchem fehlt der Mut dazu, einen solchen

Gewöhnungsbedürftig: Obst und Gemüse essen,
das auf dem Grab gewachsen ist.

Gestaltungsweg zu gehen. Es wird aber sicherlich nur eine Frage der Zeit sein, bis sich solche Gestaltungsideen verbreiten, vor allem im städtischen Raum.

Bei Kindergräbern können Nutzpflanzen eine besonders schöne Rolle spielen. Wie begeistert sind gerade die Kleineren, wenn sie Früchte ernten können – Erdbeeren, Heidelbeeren oder andere Früchte! Sie können mit etwas Nutzwertigem mehr anfangen als mit einer bloßen Blütenpracht.

Vorlieben gestalterisch umsetzen

Längst nicht bei jedem lassen sich berufliche Ansatzpunkte für die Grabgestaltung finden. Dann können es **Hobbys und Vorlieben** sein.

Dieser Grabstein stand zuvor ein Leben lang im Vorgarten der Verstorbenen.

So manches heutige Hobby war früher verbreiteter Beruf. So gibt es viele Menschen, die sich nebenbei Nutztiere halten, ein paar Schafe, Pferde, Hühner oder Bienen – und darin Erfüllung finden. Was bietet sich mehr an, als dem leidenschaftlichen Imker aufs Grab Bienenweidepflanzen zu bringen! Wenn an sonnigen Tagen und bei voller Blüte dann die Nektarsammler auf dem Grab schwirren, kann man sicher sein: Darüber hätte sich der Verstorbene sehr gefreut!

Sehr viele Menschen gehen einer Sportart nach, engagieren sich in Turn- und Sportvereinen. Das kann für Gestaltungen anregend sein, auch wenn eine Umsetzung nicht immer unmittelbar möglich oder sinnvoll ist. Bei einem Skifahrer kann es möglich sein, Skier oder Stöcke einzubinden. Ein Fußball oder sonstiger Ball lässt sich mindestens über eine Bepflanzung nachempfinden, sei es über kugelrunde Gehölze, sei es über eine runde Saisonbepflanzung. Denkbar ist auch, eine

Seien Sie kreativ, binden Sie die Hobbys des Verstorbenen mit in die Gestaltung ein.

größere und sauber gepflegte Rasenfläche für den größeren Teil des Grabs vorzusehen – damit lässt sich verschiedenen Sportarten gerecht werden. In diesem Fall könnten Blumen oder Bodendecker dennoch am Rand stehen. Vielleicht werden Sie zum Beispielgeber!

Ein Garten als Anregung

Für viele Menschen spielt der Garten eine große Rolle, das zeigt sich an den großen Mitgliederzahlen der Obst- und Gartenbauvereine. Wer einen Garten betreut, hat **Lieblingspflanzen** und eine jeweils besondere Art, sein Gärtchen anzulegen.

Wenn ein Gartenfreund gestorben ist, sind die Möglichkeiten, seine Vorlieben umzusetzen, entsprechend vielfältig. Auf ländlichen Friedhöfen ist von solchen Vorlieben immer wieder etwas zu sehen, übrigens oft, ohne dass sich die Leute dessen intensiv bewusst sind. Da werden aus dem Hausgarten, den der Verstorbene früher betreut hat und den seine Angehörigen übernommen haben, „Ableger" mitgebracht. Manche Pflanze steht also im Garten wie auf dem Grab. So entstehen **Brücken zwischen dem Friedhof und zuhause** – und ebenso selbstverständlich persönliche Bezüge. Einzelne Pflanzen, eine besondere Rose beispielsweise, die dem Verstorbenen viel wert war, lässt sich aufs Grab verpflanzen. Vielleicht wandern auch ein paar Steine von einer **Natursteinmauer** aus dem Garten aufs Grab?

Es mag sein, dass der Verstorbene nie einen Garten hatte. Gerade in städtischen Räumen fehlt ja dazu oft schlicht die Möglichkeit. Andere hatten aus zeitlichen oder gesundheitlichen Gründen keine Gelegenheit dazu – obwohl sie sich diese immer gewünscht haben. Ein Garten ist dennoch für viele Menschen, wenn nicht die meisten, ein Traum, ein Idealbild. Warum sich nicht überlegen, in welcher Art von Garten, mit welchen Pflanzen sich der Verstorbene besonders wohlgefühlt hätte? Auch so lässt sich etwas Individuelles schaffen. Und das ist ein schöner Gedanke: Dass jemand, der gerne ein Gärtchen gehabt hätte, aber nicht die Möglichkeit dazu fand, jetzt wenigstens in einem solchen kleinen Garten liegt.

Extrovertiert oder introvertiert?

Auch der Charakter des Verstorbenen kann bei der Gestaltung berücksichtigt werden. War er besonders extrovertiert oder genau das Gegenteil? Im ersten Fall lässt sich über eine entsprechend extravagante Grabgestaltung diese Art festhalten – etwa mit besonders ungewöhnlichen Farbkombinationen, die auch an einen früheren Kleidungsstil erinnern. Eine besonders exotische Pflanze oder eine mit sehr origineller Wuchsform kann zudem etwas vom Charakter des Verstorbenen herüberbringen.

Es ist möglich, Brücken zu schlagen zwischen dem Friedhof und zuhause: Setzen Sie Pflanzen oder Steine aus dem Garten des Verstorbenen aufs Grab.

War dieser ein eher stiller und zurückhaltender Mensch, darf sich auch die Grabgestaltung danach richten. Ein prunkvoller Grabstein und eine Prachtbepflanzung wäre vermutlich kaum in seinem Sinn gewesen und ihm eher unangenehm.

Auch in dieser Hinsicht sind unsere Friedhöfe noch viel zu einförmig – die Gräber dürfen ruhig ein wenig mehr von der Persönlichkeit der Beigesetzten vermitteln! Und ebenso, wie im Leben jeder davon profitiert, dass es ganz unterschiedliche Charaktere mit verschiedenen Stärken gibt, kann auch ein Friedhof von unterschiedlich gestalteten Gräbern profitieren.

Für einen (Hobby-)Gärtner gibt es besonders viele Möglichkeiten der Erinnerung.

In der Beschränkung liegt die Kunst!

Es versteht sich, dass sich über eine Grabgestaltung niemals alle Aspekte einer Person nachempfinden lassen. Eine Grabgestaltung kann immer nur ein mehr oder weniger grober Holzschnitt sein. Versuchen Sie nicht, hier zu viele Details vermitteln zu wollen. Konzentrieren Sie sich stattdessen auf eine große Linie, auf das, was dem Verstorbenen besonders wichtig war.

Geschmack – Spielraum und Grenzen

Je persönlicher Gräber gestaltet werden, umso mehr unterscheiden sie sich von anderen Gräbern. Die jeweiligen Ergebnisse sind dabei Geschmackssache.

Was der eine als persönliche Bereicherung und Hilfe in seiner Trauersituation empfindet, ist für den anderen nur Kitsch und Oberflächlichkeit.

Für die Träger von Friedhöfen ist es hierbei eine Gratwanderung, dem Einzelnen möglichst viel Freiraum für seine individuellen Vorstellungen zu lassen, andererseits aber auch das große Ganze für den Friedhof insgesamt im Blick zu behalten. Die Freiheit des Einzelnen soll eben nicht zu einer Belastung vieler anderer werden. Ein einziges eigenwillig gestaltetes Grab kann zur Provokation für das ganze Gräberfeld werden, in dem es sich befindet.

Eine eigenwillige Grabgestaltung kann die Ästhetik auf dem Friedhof gefährden.

Wo der richtige Pfad für diese Gratwanderung in Sachen Geschmack verläuft, ist heute schwieriger zu beantworten als in der Vergangenheit. Das liegt nur zum Teil daran, dass die Geschmäcker andere geworden sind. Solche Veränderungen gab es schon immer. Aber der Konsens, dass Einzelmeinungen und Einzelgeschmäcker hinter die Vorstellungen einer größeren Mehrheit zurücktreten müssen, bröselt stark. Auch kleine Gruppen und Einzelpersonen wollen ihr Recht zur Verwirklichung gleichberechtigt durchgesetzt sehen!

Individuelle Vorstellungen durchsetzen

Diese Tendenzen sind mit Verzögerung auch auf dem Friedhof feststellbar. Zunehmend wollen Einzelne ihre individuellen Gestaltungsvorstellungen durchsetzen, zur Not auch gegen bestehende **Rahmenvorgaben des Friedhofsträgers**. In der Presse sind immer wieder Berichte von solchen Auseinandersetzungen zu finden. Entschieden werden solche Geschmacks- und Meinungsdispute dabei nicht mehr unbedingt auf rechtlichem und offiziellem Wege – hier hatten in der Vergangenheit die Friedhofsträger zweifellos die besseren Karten, weil sie sich als Vertreter einer Mehrheitsmeinung und auch als die eigentlichen Fachleute positionieren konnten. Heutzutage werden solche Auseinandersetzungen zunehmend über die **Medienöffentlich-**

keit geklärt, wobei auch Plattformen im Internet eine große Rolle spielen – mit häufig konträrem Ausgang.

Wenn eine Familie ein Kind verloren hat und nun ihre ganz eigenen Vorstellungen durchsetzen will und sich nicht scheut, mit dieser eigentlich sehr privaten tragischen Situation an die Öffentlichkeit zu gehen, hat sie die Mehrheitsmeinung schnell auf ihrer Seite. Denn hier zählen nicht Sachargument oder das Bewusstsein dafür, dass bei allen verständlichen Einzelanliegen nicht einfach allgemeine Regelungen von jetzt auf nachher ausgehebelt werden sollten.

Individuelle Ideen lassen sich heute leichter umsetzen denn je.

Es ist positiv, dass heutzutage nicht einfach mit einem „das haben wir noch nie so gemacht" oder „das tut man nicht" neue Wege und individuelle Vorstellungen vom Tisch gefegt werden können. Das darf jeden ermutigen, der bei seiner Grabgestaltung ganz **besondere Ideen verwirklichen** will, um seiner Trauer Ausdruck zu verleihen und auf besondere Art und Weise die Erinnerung möglich zu machen.

Suchen Sie das Gespräch

Es ist selten gut, mit allen Mitteln dafür zu kämpfen, individualistische Vorstellungen zu verwirklichen und mit den Verantwortlichen auf dem Friedhof Kampf und Krieg anzufangen. In einzelnen Situationen mag dies seine Berechtigung haben, wo Friedhofsträger überhaupt nicht bereit sind, mit sich reden zu lassen und ihre Satzung heutigen Gegebenheiten anzupassen.

Auch bei Mitbringseln gehen die Geschmäcker auseinander.

Wo Ihre Vorstellungen deutlich anders sind als die am Ort sonst üblichen oder die vom Friedhofsträger vermittelten – das muss nicht unbedingt das Gleiche sein – wählen Sie als ersten Weg das direkte Gespräch mit den Verantwortlichen. Sprechen Sie mit dem Friedhofsträger, gleich ob dieser aus dem kommunalen oder kirchlichen Bereich kommt. Erklären Sie Ihr Anliegen, Ihre Wünsche und begründen Sie diese. Signalisieren Sie gleichzeitig, dass Sie ein offenes Ohr und Verständnis für

Blumen aus verschiedenen Materialien, Engel und andere Figuren auf diesem Kindergrab lassen ahnen, wie groß die Familie den Verlust empfindet.

die Anliegen des Friedhofsträgers haben. Gut möglich, dass Sie sich in der Trauersituation mit einem offenen und konstruktiven Gespräch überfordert sehen. Dann bitten Sie doch jemandem, der Sie versteht und Ihr Anliegen gut vertreten kann, mit Ihnen zu gehen oder vielleicht auch das Gespräch an Ihrer Stelle zu führen. In aller Regel wird sich ein Weg finden, den alle akzeptieren können. Und die Friedhofsträger sind wach dafür geworden, dass sich die Gesellschaft wandelt, sie wissen, wie schnell sie in der öffentlichen Kritik stehen, wenn sie einfach nur stur auf Satzungen verweisen. Dazu kommt, dass sie vielerorts mit rückläufigen Einnahmen zurechtkommen müssen, weil die Zahl der Erdbestattungen stark nachgelassen hat.

Sofern Sie die Möglichkeit haben, zwischen mehreren Friedhöfen für eine Beisetzung zu wählen, können Sie sich für ein Grab dort entscheiden, wo Ihre Gestaltungsvorstellungen toleriert werden. Denn manchmal ist auf dem einen Friedhof erlaubt, was auf dem anderen nicht oder nur mit viel Auseinandersetzung erreichbar wäre.

Suchen Sie sich Helfer für Planung und Umsetzung

Oft hört man „Wer ein Grab individuell gestalten will, muss das auch selber machen." Das ist ein weit verbreitetes Missverständnis. Wer diesen Weg wählt, wird möglicherweise eine ansprechende Gestaltung finden und umsetzen – in vielen Fällen gelingt dies aber auch nicht. Gut gewollt ist eben noch lange nicht gut gemacht.

Machen Sie sich zunächst Gedanken über das, was Sie mit der Grabgestaltung erreichen und ausdrücken wollen – und besprechen Sie dann Ihre Ideen mit Leuten, von denen Sie wissen, dass diese Gespür dafür haben, wie sich Ihre Vorstellungen verwirklichen lassen. Wer diese Ideen dann in eine konkrete Grabgestaltung umsetzt, ist dann die nächste Frage. Das kann jemand sein, der leidenschaftlich gern mit Gärten und Pflanzen umgeht, oder aber ein Friedhofsgärtner, der offen ist für individuelle Grabgestaltung. Das kann auch ein Landschaftsgärtner sein oder jemand mit floristischem Hintergrund – dort ist Gespür und Können, wie sich persönliche Wünsche in pflanzliche Gestaltung umsetzen lassen, besonders hoch.

Geschmack braucht Zeit

Geschmacksfragen bei einem Grab stehen immer im Zusammenhang mit der Öffentlichkeit. Der Friedhof ist ein öffentlicher Raum. Es mag sein, dass Sie in der ersten Zeit der Trauer Ihre Situation als so belastend und einzigartig empfinden, dass es Ihnen völlig gleichgültig ist, was andere über Ihre Gestaltungswege denken. Das ist zulässig und wird von anderen sicherlich in vielen Fällen auch so akzeptiert.

Lassen Sie sich Zeit bei der Wahl des Grabsteins.

Mit einigem zeitlichen Abstand werden Sie jedoch Ihre Anfangssicht wieder anders beurteilen. Es lohnt sich deshalb, wenn Sie für die erste Zeit Wege der Gestaltung wählen, die **vorläufig** sind. Lassen Sie sich Zeit mit einer Gestaltung, die längerfristig angelegt ist. In erster Linie gilt das für die Wahl des Grabsteins. Der wird in den seltensten Fällen nochmals ausgetauscht, weil das einfach sehr teuer wäre. Entscheiden Sie sich also nicht sofort nach der Beisetzung für einen bestimmten Stein. Bei Erdbestattungen ist dies ohnehin auch deshalb nicht sinnvoll, weil sich das ausgehobene und wieder eingefüllte Erdreich erst wieder setzen muss, was mehrfaches Nachfüllen von Erde nötig machen kann.

Rechtzeitig über Gestaltungsfragen sprechen

Manche Menschen setzen sich mit dem eigenen Tod und der Bestattung auseinander und äußern dies oft auch: Wo und wie will ich beigesetzt werden? Wie wünsche ich mein Grab? Das muss gar nicht als Todessehnsucht missverstanden werden, sondern ist einfach nur eine Überlegung: Was passt zu mir? Was wäre wenn?

Wer sich ein paar unkomplizierte Gedanken zu diesen letzten Fragen seines Lebens macht, wird die Gestaltung des Grabs für die Hinterbliebenen sicherlich sehr viel einfacher machen.

Planung: einfach zeichnen

Wenn die erste Idee für die Gestaltung des Grabes geboren ist,
kann es sinnvoll sein, eine einfache Zeichnung anzufertigen.
Das ist nicht schwer und verschafft schnell eine Vorstellung davon, ob diese Idee zu den Proportionen des Grabes passt.

Am einfachsten ist es, die Zeichnung als Aufsicht anzufertigen – also aus
der Vogelperspektive. Dazu muss man nicht perspektivisch zeichnen können, sondern sich nur strikt an den einmal gewählten Maßstab halten. Mit
wenigen und einfachen Hilfsmitteln, die in jedem Haushalt zu finden sind,
können dann auch Einsteiger eine Zeichnung im passenden Maßstab anfer-
tigen. Wichtigste Hilfsmittel sind zwei oder drei Blätter mit kariertem Papier
und die Maße des Grabes.

Testanlage auf dem Papier

Je nach dem, wie groß das Blatt mit dem karierten Papier ist, übersetzt man
die gemessenen Maße in Karos. Je größer die Zeichnung wird, desto einfacher und übersichtlicher ist sie.

Als **Maßeinheit** empfiehlt es sich, pro gemessene 2 cm am Grab auf dem
Blatt ein Karo abzuzählen. Ist das Grab zum Beispiel 80 cm breit, braucht man
40 Kästchen. Bei einer Länge von 1,20 m werden 60 Kästchen für die Höhe
markiert. So entsteht der Umriss des Grabes genau im richtigen Maßstab.

Als nächstes wird das **Grabzeichen vermessen** und auf einem zweiten
Blatt im selben Maßstab wie der Umriss des Grabes aufgezeichnet. Schraf-
fieren Sie die Form des Grabzeichens mit dem Stift, danach schneiden Sie
die Fläche aus und legen sie auf den Umriss des Grabes. Bereits jetzt bekommen Sie eine Vorstellung davon, wie sich das Grabzeichen in der Proportion zum gesamten Grab verhält. Außerdem lässt sich das Zeichen ganz
leicht an verschiedene Stellen legen und Sie können die entsprechende Wirkung gut beurteilen. Hat das Grabzeichen seinen Platz gefunden, kann die
Gestaltung mit den Pflanzen beginnen.

Am einfachsten ist es, sich wieder auf dem zweiten Blatt die Form des
Beetes im passenden Maßstab aufzuzeichnen und in einer Farbe auszuma-
len. Auch dieses Bild wird wieder ausgeschnitten und auf den Umriss gelegt. Genauso kann man mit der Bepflanzung für den Rahmen verfahren,
aber auch Muster im Bodendecker nachvollziehen. Erst wenn Sie mit der
Gestaltung zufrieden sind, werden sie festgeklebt.

Elemente wie das Pflanzbeet kann man auch mehrfach anlegen und mit verschiedenen Farben kolorieren. So entsteht eine Idee davon, wie das Ganze nachher in natura aussehen könnte. Zum Kolorieren eignen sich alle farbigen Stifte, die zur Hand sind. Zur Not tun es auch die Deckfarben aus dem Malkasten der Kinder oder einfache Buntstifte. Strukturen lassen sich durch unterschiedliche Schraffierungen erreichen, wenn Sie zu den fortgeschritteneren Zeichnern gehören.

Zeichnen hilft

Die einfache Zeichnung ist bereits eine sehr gute Vorlage weil sie bei der Aufteilung der Fläche hilft. Beim Umsetzen dieser Zeichnung muss man sich am Grab nicht haargenau an die Maße halten. Die Vorlage gibt aber eine gute Richtlinie und verhindert, dass die Gestaltung aus dem Ruder läuft und einige Elemente optisch zur stark werden.

Ein Grab kann mit **räumlicher Tiefe** spielen. Diese wird zum einen durch Farben und Strukturen erreicht, aber auch durch die Verwendung von unterschiedlich hohen Pflanzen.

Wer sich bei den Höhen nicht sicher ist, kann mit Hilfe des einfachen Maßstabes auf kariertem Papier auch eine Zeichnung mit den passenden Höhen machen. Dabei sollten Sie darauf achten, dass der gleiche Maßstab wie beim Umriss verwendet wird. Vor allem wenn man aufwendige Gehölze, wie zum Beispiel Formschnittbäumchen, wählen möchte, macht so eine Zeichnung Sinn.

Der didaktische Vorteil: Während des Zeichnens beschäftigt man sich intensiv mit dem Thema. Oft fallen einem dabei noch viele Dinge ein, die sich für die Gestaltung anbieten könnten. Dank der Zeichnung kann man nach Herzenslust **ausprobieren** und wieder verwerfen. Den Entwurf, der schließlich als der endgültige angesehen wird, sollte über mehrere Tage angeschaut werden – oft fällt einem erst mit ein wenig zeitlichem Abstand noch etwas auf oder ein.

Zeichnung in der Vogelperspektive ...

... ist auch ein gutes Hilfsmittel, wenn das Grab bereits fertig gestaltet ist: Weil die Zeichnung im Maßstab angefertigt wird, zeigt sie meist sehr schnell auf, wo man bei der Gestaltung zu viel des Guten getan hat und die Proportionen nicht stimmen. Ist zum Beispiel das Pflanzbeet zu groß, kann man es im nächsten Frühjahr verkleinern, in dem man noch ein paar Bodendecker zusätzlich pflanzt oder die doch etwas zu üppige Rahmenbepflanzung einfach etwas verkleinert.

Gräber sind kleine Gärten

Gräber sind nicht nur Orte der Erinnerung, sie sind auch
kleine Gärten. Genauer gesagt: Sie sind beides.

Wie finden Sie den Begriff Erinnerungsgarten? Das ist zum einen ein viel
schöneres Wort als Grab, denn da werden ganz andere Emotionen wach.
Und zum anderen trifft dieser Begriff auch viel besser das, worum es bei der
Anlage und Pflege eines Grabs geht: Im Wort Grab schwingt sehr stark das
„begraben" mit – und damit haben die Angehörigen in der erinnernden
Pflege nichts zu tun. Ihre Arbeit beschränkt sich auf die oberste Schicht, auf
die Bearbeitung des Bodens, darauf, diesen unkrautfrei zu halten, Pflanzen
zu setzen und zu pflegen – also all das, was jeder Pflanzenfreund in seinem
Garten auch tut. Grabanlage als Gartenanlage, Grabpflege als Gartenarbeit,
haben Sie die Arbeit auf dem Friedhof schon einmal so gesehen?

Einen kleinen Garten betreuen

Wer ohnehin als Gartenfreund regelmäßig draußen tätig ist, tut sich auch mit der Grabpflege leicht – in mehrerlei Hinsicht. Die Grundtätigkeiten sind bekannt und hilfreiche Gerätschaften sind auch schon vorhanden. Gartenfreunde wissen, was für ein schöner **Ausgleich zur Büroarbeit** die Tätigkeiten draußen sind. Und falls Sie sich nicht zu den Hobbygärtnern zählen: Dann ist vielleicht gerade das Grab, mit dessen Pflege Sie sich jetzt auseinandersetzen (müssen), eine schöne Gelegenheit, dass Sie dem Thema Garten und Pflanzen ein ganzes Stück näher kommen, was Sie vielleicht eigentlich auch längst wollten? Und Grabpflege als erster Schritt zu gärtnerischer Aktivität ist durchaus passend: Gerade auf dem Friedhof erwartet niemand, dass Sie dort aus Gartenleidenschaft tätig sind – es reicht zunächst, wenn Sie überhaupt dort tätig sind, sich sehen lassen und erkennen lassen, dass Ihnen das Grab Ihres Angehörigen nicht gleichgültig ist. Wie in einer Kleingartenanlage werden Sie auf dem Friedhof andere finden, die Ihnen auf Anfrage gern helfen werden, sei es mit einem Rat, sei es mit praktischer Hilfe, sei es mit einem ausgeliehenen Gerät.

Die Grabpflege hat schon manchen zum Hobbygärtner werden lassen.

Wer sich mit dem Gedanken an die Pflege eines Grabs schwertut und diese vor allem als Last und nötige Pflicht sieht, kann sich mit der Gartensicht ein ganzes Stück weit selbst motivieren: Ich lege einen kleinen Garten an und ich pflege ihn.

Insbesondere für **Städter** fehlen die Möglichkeiten des Gärtnerns oft ganz. Da kann ein Grab, wenn es denn in einigermaßen vertretbarer Nähe liegt, tatsächlich ein Stück weit Ersatz für den eigenen Garten sein. Zwar nur im Kleinen, aber dafür ist der Zeitaufwand für Anlage und Pflege überschaubar und begrenzt! Die Betreuung eines Grabs als besondere Form von **Urban Gardening** – was halten Sie von diesem Gedanken?

Wählen Sie langsam wachsende Pflanzen

Ein kleiner Grab- oder Erinnerungsgarten ist bedeutend kleiner als ein Hausgarten. Das macht eine genauere Planung nötig als auf Gartenflächen, die genügend Platz bieten und den einen oder anderen Anlagefehler verzeihen. Es ist einleuchtend, dass auf der kleinen Grabfläche große Gehölze oder ausufernd wuchernde Pflanzen fehl am Platze sind. Das schreiben im Übrigen auch die Satzungen der Friedhofsträger vor. Große Gehölze haben durchaus ihren Wert auf Friedhöfen, aber eben nur in den allgemeinen Grünanlagen des Friedhofs und nicht auf Einzelgräbern.

Sie werden also für das Grab in Ihrer Obhut eher klein bleibende und schwachwüchsige Pflanzen wählen. In jeder guten Gärtnerei und in guten Gartencentern sind solche Gehölze als Auswahl zusammengestellt.

Wundern Sie sich nicht: Eben weil diese Gehölze nur langsam wachsen, haben sie schon etliche Zeit in einer Baumschule hinter sich, ehe sie verkauft werden. Deshalb sind sie häufig eher teuer. Das schwache Wachsen dieser Pflanzen hat für Sie aber den dauerhaften Vorteil, dass Sie nicht ständig schneiden und die Pflanze schon nach wenigen Jahren wieder vom Grab entfernen müssen.

Keine Modelleisenbahnlandschaften anlegen

Auf der kleinen Fläche eines Grabes müssen Sie vor allem einer Versuchung widerstehen: Versuchen Sie nicht, dort einen abwechslungsreichen Garten en miniature anzulegen mit sehr vielen verschiedenen einzelnen Pflanzen. Zum einen würden die stärker wachsenden die schwächeren schnell verdrängen und überwuchern. Zum anderen wirkt eine bunte Gartenlandschaft schnell **unruhig** und kitschig. Legen Sie also keine Modelleisenbahnlandschaft an, es sei denn, Sie kommen damit einem ausdrücklichen Wunsch des Verstorbenen nach, dessen Hobby das war.

Ein Grabgarten vermittelt Freude und Hoffnung.

Überlegen Sie sich stattdessen, welchen grundsätzlichen Stil Sie wählen wollen – ob naturnah, streng geometrisch angelegt oder mit den Jahreszeiten immer wechselnd. Innerhalb dieses Stils arbeiten Sie dann mit einer nur **begrenzten Zahl** unterschiedlicher Pflanzen. Von jeder Art wiederum verwenden Sie jeweils mehrere Pflanzen und nicht nur einzelne, damit größere Flächen entstehen. Das gibt einzelnen Pflanzen die Chance, sich zu entwickeln und dauerhaft Fuß zu fassen.

Welcher Gartenstil passt?

Auf der Suche nach dem persönlichen Gestaltungsstil für das Grab, um das Sie sich kümmern, hilft die Frage: Welcher Gartenstil wäre **passend zu dem Verstorbenen**? Aber durchaus berechtigt ist auch die Frage: Welcher Gartenstil **gefällt mir**, welchen mag ich persönlich? Besonders wenn Sie den Eindruck haben, dass es dem Verstorbenen eher gleichgültig wäre, wie Sie das Grab gestalten, ist Ihr eigener Geschmack besonders wichtig. Es gibt ja tatsächlich gar nicht wenige Menschen, denen Gestaltung einigermaßen gleichgültig ist und die diese gern anderen überlassen, um sich auf anderes zu konzentrieren. Und schließlich kümmern Sie sich um das Grab, also soll und darf der Stil des Gärtchens auch und gerade Ihnen gefallen! Woher soll auch sonst auf Dauer die Motivation und Freude für die Betreuung kommen?

Die Hauswurz wirkt für sich.

Bei der Suche nach dem für das von Ihnen betreute Grab passenden Gartenstil sollten Sie sich einfach einmal folgende Fragen stellen: Wie lege ich das Grab im Grundsatz an? Welche Pflanzen verwende ich? Soll es eher formal und kontrolliert oder aber eher naturnah werden? Wie wichtig ist regelmäßige Pflege für den Gesamteindruck? Und Sie werden sich wundern: Die meisten dieser Fragen lassen sich ganz leicht beantworten, und so finden Sie auch den passenden Gestaltungsstil.

Zu demjenigen beispielsweise, der vor seinem Reihenhaus eine Rasenfläche häufig gemäht und intensiv gepflegt hat und der dort in einem exakt kreisrunden Beet Blumen stehen hatte, passt zweifellos ein ebenso intensiv gepflegtes und genau angelegtes Grab, auf dem kein Ungras zu sehen ist und jede Blume ihren Platz hat.

Sich Fragen zu stellen hilft bei der Suche nach dem richtigen Stil für die Gestaltung.

Zu demjenigen, der sich in einem naturnahen Garten mit einheimischen Sträuchern, Wiesenflächen und Stauden statt einjähriger Sommerblumen wohlfühlte, passt das Musterbeetgrab ganz klar nicht! Erstaunlicherweise gibt es in unseren Gärten eine große Zahl dazu noch sehr unterschiedlicher Stile, die sich auf den Gräbern noch recht wenig widerspiegeln.

Naturhaft gestalten

Für die naturhafte Gestaltung eines Grabs gibt es zahlreiche Möglichkeiten. Zunächst steht die Auswahl des Grabsteins an: Zu einem naturnah gestalteten Grab passt kein aufwendig bearbeiteter oder hochglänzender Stein.

Hier wurde ein Mininaturteich angelegt.

Wählen Sie entweder einen Naturstein oder ein einfaches Grabzeichen aus Holz oder Metall, wie Sie es sich auch in der freien Natur vorstellen könnten. Wo es die Friedhofsordnung zulässt: Liegende Steine, die nicht groß sein müssen, lassen sich ebenfalls gut verwenden. Für die Größe reicht es, wenn Namen und Lebensdaten untergebracht werden können. Ein stehender Stein muss schon allein deshalb meist größer sein, weil diese Daten in einer bestimmten Höhe über dem Boden stehen sollen, damit sie über den Pflanzenbestand hinausragen. Ein liegender Stein hat zudem den Vorteil, dass er nicht zwingend am hinteren Ende des Grabs positioniert werden muss, er kann auch im vorderen Bereich liegen.

Stauden verwenden

Setzen Sie bei der Pflanzenauswahl neben wenigen Gehölzen, die dem Grab einen Rahmen geben, vor allem auf Stauden. Das sind laut Definition krautig wachsende Pflanzen, deren oberirdische Pflanzenteile im Winter absterben, die dann aber im Frühjahr **jährlich neu austreiben** und auf diese Art und Weise dauerhaft sind. Stauden haben durchaus Jahreszeiten, in denen sie weniger ansehnlich sind als Einjahresblumen, aber auch im Herbst vertrocknete und bis in den Winter stehende Stängel und Fruchtstände können einen ganz besonderen Reiz haben. Im Übrigen versinnbildlichen Stauden eher Hoffnung als Einjahresblumen, einfach deshalb, weil sie nach einer Ruhepause wieder neu austreiben, zu neuem Leben erwachen.

Die Zahl der Stauden, die für Gräber in Frage kommen, ist sehr groß. Der beste Weg, wie Sie hier zu einer passenden Auswahl kommen, ist, wenn Sie eine **Gärtnerei** mit einem großen Staudensortiment aufsuchen. Das kann

ein gutes Gartencenter sein, eine spezialisierte Staudengärtnerei, eine Verkaufsbaumschule oder eine Ein-
zelhandelsgärtnerei mit einer guten Freilandabteilung.
Wenn Sie dort Ihr Anliegen schildern und einige Infos
zum Grab geben können (Boden, Licht), werden Sie eine
kompetente Auskunft bekommen! Und Sie können sich
die Pflanzen dort ansehen, was in jedem Fall besser ist,
als sich mit Fotos in Büchern zu begnügen.

Mit Rinde und Ästen arbeiten

Verzichten Sie auf Dinge, die künstlich wirken. Dazu gehört dunkle oder gar schwarze Graberde, wie sie bei formal angelegten Gräbern, insbesondere bei solchen, die
ausschließlich mit Einjahresblumen bepflanzt werden,
gern verwendet wird. Bei einem naturhaft gestalteten
Grab ist es nicht tragisch, sondern vielmehr stimmig,
wenn die Graboberfläche nicht glattgezogen ist. Wenn
Sie sich die Unkrautbekämpfung sparen wollen, arbeiten Sie mit Naturmaterialien wie grobem Rindenmulch.
Kleine Baumstammabschnitte, passende Äste können
dekorativ eingebaut werden.

*Naturmaterialien
lassen sich gut in
die Gestaltung
einbeziehen.*

   Die Kunst bei der Gestaltung eines eher naturhaften Grabes besteht darin, die Anlage **zufällig** wirken zu lassen. Das bedeutet, dass Pflanzen eben
nicht in Reih und Glied stehen, dass nicht mit Symmetrien gearbeitet wird
und dass gerade Linien tabu sind. Dennoch sollen die Pflanzen so verteilt
werden, dass die Fläche ziemlich gleichmäßig bewachsen wird – zugegeben
keine ganz leichte Aufgabe! Allerdings ist das Schöne an Pflanzungen, dass
sie sich jederzeit anpassen und verbessern lassen – wo etwas zu eng steht
und sich gegenseitig im Weg ist, lässt es sich verpflanzen. Und wo eine
deutlich sichtbare Lücke entstanden ist, wird einfach nachgepflanzt.

   Ein berufsbedingt besonderes Händchen für eine naturhaft wirkende Bepflanzung haben Floristen, Landschaftsarchitekten und Friedhofsgärtner.
Vielleicht haben Sie jemanden aus einer dieser Berufsgruppen in der Be-
kanntschaft, der Sie unterstützen kann? Ansonsten stehen Ihnen diese Kolle-
gen natürlich auch berufsbedingt und gegen Bezahlung gern zur Verfügung.

   Bei einem naturhaften Grab muss man wie bei einem naturhaften Garten
nicht jedes Blättchen im Herbst entfernen, nicht jede verwelkte Blüte gleich
abschneiden – all dies gehört eben auch zum natürlichen Kreislauf und hat
seinen besonderen Reiz. Freilich sollte damit kein völliges Vernachlässigen
des Grabs gerechtfertigt werden.

Stauden und Gehölze als grüne Decke

Stauden und Gehölze, die flach auf dem Grab wachsen, werden als Bodendecker bezeichnet. Der Name erklärt, welchen Zweck diese Pflanzen erfüllen: Sie sollen eine dichte Decke bilden.

Das sieht schön aus und bietet Vorteile: Die dichte Decke verhindert, dass sich unerwünschte Wildkräuter ausbreiten. Das Grab braucht also deutlich weniger Pflege. Außerdem sorgt die dichte Pflanzendecke dafür, dass weniger Wasser verdunstet. Das bedeutet vor allem an heißen Sommertagen, dass alle Pflanzen auf dem Grab weniger Wasser benötigen. Außerdem wird durch die dichte Pflanzendecke vermieden, dass bei starken Regenschauern Erde vom Grab weggeschwemmt wird.

Bodendecker pflanzen

Als Bodendecker eignen sich Stauden und kleine Gehölze. Wenn eine dichte Decke schnell gebildet werden soll – das ist binnen eines Jahres möglich –, lohnt es sich, eher **kleine** Pflanzen und dafür **in größerer Stückzahl** zu verwenden. Große Pflanzen, wie man sie für den Garten kauft, sind für die Bepflanzung eines Grabes zu groß. Und nur junge Gehölze lassen sich nach Belieben ohne Schwierigkeiten in Form schneiden. Junge Pflanzen lieben außerdem die Gesellschaft von anderen Gewächsen. Pflanzt man sie dicht, entwickeln sie sich sehr schnell.

An heißen Sommertagen sollte man besser keine neuen Pflanzen setzen.

Die beste Zeit zum Pflanzen des Bodendeckers und für die Neugestaltung des Grabes sind die Monate **April und Mai** sowie der **August**. Die heißen Sommertage spart man für größere Arbeiten am Grab besser aus, weil die Hitze für die Pflanzen beim Anwachsen jede Menge Stress bedeuteten würde. Ab September sollten keine Bodendecker mehr gepflanzt werden, weil die Gewächse dann nicht mehr genug Zeit haben, um vor dem Winter auf dem Grab einzuwachsen. Dann besteht bei Frost sehr schnell die Gefahr von Winterschäden.

Vor dem Pflanzen der Bodendecker sollten Sie **die Erde bearbeiten**. Diese sollte locker sein, damit man leicht und zügig arbeiten kann. Sind Wurzelunkräuter, wie die Quecke, auf dem Grab vorhanden, müssen alle Teile vor

dem Pflanzen sorgfältig entfernt werden um die lästigen Wildkräuter auf Dauer zu beseitigen. Am besten beginnt man mit dem Pflanzen des Bodendeckers in einer Ecke und arbeitet dann über das gesamte Grab. Vorher kann man mit einem kleinen Stöckchen die Flächen auf der Erdoberfläche markieren, die für das Beet, die Rahmenbepflanzung oder zusätzliche Stauden und Farne gebraucht werden.

Sollten Sie auf dem Grab **Trittplatten** unterbringen wollen, über die Sie später das Grab betreten und pflegen können, ist der richtige Zeitpunkt dafür vor dem Pflanzen. Die Platten sollten so platziert werden, dass man alle Bereiche des Grabes leicht und ohne sich stark zu strecken erreichen kann. Dann fällt die Arbeit am Grab auch nicht schwer.

Die Pflanzen setzen Sie so ein wie auch im Garten. Damit die Pflanzen schnell die Oberfläche als Decke bewachsen, pflanzt man immer **versetzt**: In der zweiten und allen folgenden Reihen setzt man die Pflanzen in der parallel liegenden Reihe in die Lücken der vorhergehende Reihen. Nach dem Pflanzen wird die gesamte Fläche gründlich **gewässert**. Über zwei Monate lang sollten Sie die neu bepflanzte Fläche immer wieder beobachten und gießen. Danach haben die Bodendecker soweit Fuß gefasst, dass sie keine besondere Pflege mehr brauchen. Bis sich die Pflanzen zu einer dichten Decke geschlossen haben, sollten Sie darauf achten, dass sich keine Wildkräuter in der Fläche ausbreiten.

Immergrün (Vinca minor) ist ein beliebter Bodendecker, der zudem noch Symbolwert hat.

*Wer ein pflege-
leichtes Grab
sucht, setzt auf
Bodendecker, die
Unkrautwuchs
wirkungsvoll
verhindern. Hier:
Cotoneaster.*

Welche Pflanzen sind geeignet?

Damit sich die Pflanzen auf dem Grab wohlfühlen und lange gesund bleiben, ist es wichtig, dass Sie die zum **Standort** passenden Arten wählen.
Zum anderen muss aber auch der **Boden** auf dem Grab an die Ansprüche
der Pflanzen angepasst werden. Das ist vor allem bei Stauden wichtig. Viele
von ihnen mögen magere (nährstoffarme) Böden, auf denen sie sehr langlebig sein können. Im Allgemeinen brauchen Bodendecker aber wenig
Pflege, wenn Standort und Boden stimmen.

Auf Friedhöfen sieht man in der Regel kleine **Gehölze** wie die Zwergmispel (*Cotoneaster*) oder den Spindelstrauch (*Euonymus*) als Bodendecker. Das
hat einen einfachen Grund: Beide sind extrem langlebig und am passenden
Standort halten sie viele Jahre durch. **Stauden** wie die Golderdbeere (*Waldsteinia*) oder das Dickmännchen (*Pachysandra*) können mithalten, deshalb
gehören auch sie zu den Klassikern für die Grabbepflanzung. Wieder andere, wie das Katzenpfötchen (*Antennaria*) oder das Fiederpolster (*Cotula*),
sind etwas empfindlicher. Dafür blühen sie umso schöner.

Für die Pflanzenwahl empfiehlt es sich in jedem Fall, dass Sie einen aus-
führlichen Besuch in einer fachkundigen Gärtnerei einplanen, wo man Ihnen hilft, die für Ihre Anforderungen richtigen Pflanzen zu finden.

Gehölze – die Klassiker

⚜ Die **Teppich-Zwergmispel** (*Cotoneaster dammeri*) ist der Bodendecker für alle Gräber in halbschattigen und sonnigen Lagen, an denen es allerdings nicht zu heiß werden sollte. Es gibt verschiedene Sorten dieser Zwergmispel. Achten Sie beim Einkauf darauf, dass Sie kleinwüchsige für die Grabbepflanzung bekommen. Es lohnt sich, so zu pflanzen, dass die längeren Triebe auf dem Boden aufliegen, dann werden sie die Fläche schnell bedecken. Wenn Sie die Pflanzen im Juni und August schneiden, verzweigen sich die Triebe besser und die dichte Decke bildet sich noch schneller. Die Zwergmispel stellt kaum Ansprüche an den Boden und ist deshalb eine gute Empfehlung.

⚜ Der **Kletter-Spindelstrauch** (*Euonymus fortunei*), auch Kriechspindel genannt, verträgt schattige und halbschattige Lagen auf dem Grab. Es gibt verschiedene Sorten mit unterschiedlichen Laubfarben, mit denen sich aus gestalterischer Sicht sehr gut spielen lässt. Achten Sie beim Einkauf darauf, dass die ovalblättrigen Varianten zum Zuge kommen. Die spitzblättrigen Sorten gehören zur Art des Japanischen Spindelstrauchs, der bei uns leider nicht zuverlässig winterhart ist. Spindelsträucher wachsen aufrecht. Sie können durch Schneiden im Sommer in Form gehalten werden. Lässt man die Triebe zum Beispiel am Grabzeichen wachsen, beginnen sie dort mit der Zeit sogar zu klettern. Spindelsträucher stellen keine besonderen Ansprüche an den Boden. Werden die buntblättrigen Sorten verwendet, sollten sie nicht in den Schatten gesetzt werden, denn dort verliert sich mit der Zeit das schöne Farbspiel der Blätter.

⚜ Der **Kriech-Wacholder** (*Juniperus horizontalis*) gehört zu den wenigen Nadelgehölzen, die sich auf Gräbern wohlfühlen. Als Standort bevorzugt er den Halbschatten, Sorten mit ausgeprägtem Blaustich in den Nadeln brauchen aber etwas Sonne und einen leichteren Boden, um die schöne Farbe auf Dauer zu erhalten. Für kleine Gräber wird der Kriech-Wacholder oftmals zu groß. Ein (auch mehrfach möglicher) Schnitt im Sommer sorgt aber dafür, dass er den Rahmen nicht zu sehr sprengt. Schneiden Sie ihn aber nicht zu stark, gehen Sie behutsam vor.

⚜ Der **Efeu** (*Hedera helix*) gilt als der Klassiker für den Schatten und Halbschatten. Er fühlt sich aber auch in der Sonne wohl, wenn der Platz nicht zu heiß ist und die Wasserversorgung an heißen Tagen stimmt. Mehr als 1000 verschiedene Efeusorten sind auf dem Markt! Am besten erkundigen Sie sich vor Ort, welche Sorten sich dort besonders eignen. Der Schnitt beschränkt sich beim Efeu auf das Kürzen zu langer Triebe und das Einkürzen der Ränder.

Stauden – Schönheiten mit Ausdauer

Die **Golderdbeere** (*Waldsteinia ternata*) gehört zu den Stauden, die sich im Schatten und Halbschatten wohlfühlen. Allerdings mag sie keine dauernde Trockenheit und auch die unmittelbare Nachbarschaft großer Bäume mit deren starken Wurzeln verträgt sie schlecht. Dafür wartet die Golderdbeere im April und Mai mit goldgelb leuchtenden Blüten auf, die dann das gesamte Grab bedecken. Falls Sie vor Ort sind, können Sie Verblühtes auszupfen und gelegentlich die Ränder begradigen – mehr Pflege braucht diese schöne Staude nicht. Sie wird rund 20 cm hoch und wächst locker aufrecht. Am besten passt die Golderdbeere deshalb auf größere Gräber.

Das **Dickmännchen** (*Pachysandra terminalis*) bewährt sich ebenfalls im Schatten und im Halbschatten. In der Sonne tut sie sich schwer und wird häufig krank. Im April zeigt das Dickmännchen seine cremefarbenen Blüten, die dann deutlich über dem glänzenden Laub stehen. Den verblühten Flor können Sie einfach wegschneiden. Achten Sie dabei allerdings darauf, dass die Blätter nicht allzu sehr beschädigt werden. Da sich das Dickmännchen wie die Golderdbeere mit Hilfe von Ausläufern ausbreitet, sollten Sie gelegentlich die Ränder einkürzen.

Das **Sternmoos** (*Sagina subulata*) gehört zu den Stauden, die nicht sehr alt werden, doch mit seinen feinen an ein Moos erinnernden Blättchen und den weißen Blüten, die im Juni und Juli erscheinen, ist es ein beliebter Bodendecker für kleine Gräber und auch für Kindergräber. Das Sternmoos braucht den Halbschatten und magere und durchlässige Böden. Zuviel Nässe bedeutet den schnellen Tod der schönen Staude. Sie darf im Winter keinesfalls abgedeckt werden, weil sie unter der Decke rasch zu faulen beginnt.

Bärlauch kann sogar genutzt werden.

Den Rahmen pflanzen

Stauden und Gehölze, die höher wachsen und die optische Verbindung zwischen dem Grabzeichen und den flach wachsenden Bodendeckern herstellen, werden als Rahmenbepflanzung bezeichnet.

Stellt man sich das Grab wie ein Bild vor, bilden diese Pflanzen sozusagen den Bilderrahmen.

Grundsätzlich sind **Stauden** und **Gehölze** als Rahmenbepflanzung geeignet. Bei der Auswahl ist neben dem Standort die Größe wichtig: Passt die Rahmenbepflanzung von der Proportion her nicht auf das Grab, ist der ansonsten schöne Gesamteindruck schnell zerstört.

In der Regel wird selten nur ein einzelnes Rahmengehölz gepflanzt, es sei denn, dieses ist eine ungewöhnliche Einzelpflanze (Solitär), beispielsweise ein ausgesucht schöner Ahorn oder ein Formschnittgehölz. Oft sind es mehrere Pflanzen oder unterschiedlich große Gruppen, die die Rahmenbepflanzung bilden. Damit lässt sich die natürliche Art, in der Pflanzen auch in der Natur wachsen, nachahmen.

Weniger ist mehr!

Zu viele verschiedene Arten sorgen für einen unruhigen Gesamteindruck, der auf einem Grab selten erwünscht ist. Wenn **Blütengehölze**, wie ein Rhododendron, verwendet werden, lohnt es sich, die Blütezeit von Stauden, die ebenfalls als Rahmenbepflanzung dienen, darauf abzustimmen.

Farne können ebenfalls prägend sein.

Mit **Stauden** kann man in der Rahmenbepflanzung sehr schöne Akzente setzen. Längst nicht alle sind auch im Winter grün. Aber das muss auch nicht sein. **Gräser**, die ebenfalls zu den Stauden gehören, sind für den Rahmen ein heißer Tipp. Die wenigsten sind wintergrün, doch die meisten halten ihr getrocknetes Laub und die schönen Blütenstände den ganzen Winter über – und der Rückschnitt erfolgt erst im Frühjahr kurz vor dem neuen Austrieb.

Formschnittgehölze machen sich als Rahmenbepflanzung sehr gut.

Ebenfalls zu den Stauden gehören die vielen **Blumenzwiebeln**, mit denen im Frühjahr und im Sommer schöne Effekte erzielt werden können, wenn man sie zum Beispiel zwischen die Bodendecker setzt.

Die Rahmenbepflanzung wird auf dem Grab gepflegt wie alle anderen Pflanzen. Bei Formschnittgehölzen müssen die Termine für den Schnitt eingehalten werden, damit die Pflanzen die gewünschte Form erhalten. Im Juni und im August wird geschnitten. Andere Rahmengehölze, wie Rhododendron oder Eibe, schneidet man im Nachwinter, zu der Zeit, wenn im Hausgarten auch die Obstbäume mit einem Schnitt bedacht werden. Dieser Schnitt sollte bei den Rahmengehölzen nicht zu stark ausfallen, weil sonst schnell die schöne natürliche Wuchsform zerstört werden kann. Das gilt vor allem für Nadelgehölze, wie Kiefern oder Wacholder.

Keine Angst vor dem Schnitt

Gehölze sollten im Sommer mindestens einmal geschnitten werden, um auf Dauer auf dem Grab in Form zu bleiben. Das hört sich kompliziert an, ist es aber nicht: Geschnitten wird im Juni und eventuell noch einmal Ende August, um den Zuwachs des Sommers in Grenzen zu halten. Als Werkzeug ist eine Rosen- oder bei größeren Gräbern eine Heckenschere angebracht. Gern darf das auch ein akkubetriebenes Gerät sein. Wichtig ist das passende Wetter: Nicht an sonnigen und heißen Tagen schneiden, weil die Triebe an den geschnittenen Pflanzen sonst sehr schnell verbrennen können. Am besten ist ein bedeckter, nicht zu heißer und trockener Tag – dann kommt man beim Schneiden auch selbst nicht allzu sehr ins Schwitzen. Grundsätzlich werden erst einmal alle Pflanzenteile, die zu hoch sind, gestutzt. Danach schaut man sich das Grab aus verschiedenen Perspektiven an. Steht jetzt noch etwas über, wird es entfernt. Nach dem Schnitt ist es wichtig, alle abgeschnittenen Pflanzenteile abzusammeln. Bleiben sie liegen, können sie Brutstätten für Krankheiten und Schädlinge bilden.

Rosen und Rhododendron

Rosen gehören als Symbole der Liebe durchaus auch auf ein Grab, doch damit sie als Rahmenbepflanzung auf Dauer gesund bleiben, muss der Platz sonnig und warm sein. Der Halbschatten oder Plätze unter großen Bäumen sind keine Standorte für Rosen. Wer sie dort pflanzt, bekommt auch bei modernen und eigentlich gesunden Sorten schnell Probleme mit Blattkrankheiten. Passt dagegen der Standort, hat man bei Rosen sehr viel Auswahl.

Beachten Sie bei der Bepflanzung unbedingt den Standort.

Sehr beliebt sind kleine Hochstämmchen, die oft neben dem Grabzeichen platziert werden. Neue Sorten blühen fast den ganzen Sommer lang.

Rhododendron sind Klassiker auf Gräbern. Aber auch bei ihnen muss der Standort passen: Sie mögen vor allem halbschattige Lagen, kommen aber bei genügend Bewässerung auch in der Sonne zurecht. Allzu heiß sollte der

Platz aber nicht sein. Außerdem vertragen Rhododendren keinen Kalk im Boden, sie brauchen, wie viele andere Heidegewächse, saure Böden. Bemessen Sie daher beim Setzen das Pflanzloch großzügig und geben Sie Rhododendronerde hinein. Mulchen Sie außerdem jedes Frühjahr mit entsprechender Erde nach.

Rhododendren lassen sich im Nachwinter schneiden, wenn sie zu groß werden. Wenn Sie die kerzenförmigen Blütenstände nach der Blüte entfernen, sorgen Sie dafür, dass sich die Pflanzen wieder schön aufbauen und noch mehr Blüten bilden. Wegen ihrer Größe sind selbst schwachwüchsige Sorten nur für mittlere und größere Gräber geeignet.

Wo der Boden geeignet ist, sind kleinwüchsige Rhododendren und Freilandazaleen sehr schöne Gehölze.

Einige empfehlenswerte Gehölze

⌁ Die **Kletter-Hortensie** (*Hydrangea anomala* subsp. *petiolaris*) ist ein gut für schattige und halbschattige Lagen geeignetes Rahmengehölz. Diese Hortensie wird alt, wächst extrem langsam und eignet sich auch gut zum Beranken oder Einfassen des Grabzeichens. Die cremeweißen Blüten erscheinen im Juni und Juli. Das Laub wird im Herbst abgeworfen. Im Winter sind auch die hellbraunen Triebe der Kletter-Hortensie sehr dekorativ.

⌁ Die **Eibe** (*Taxus baccata*) ist ein Friedhofsklassiker, weil sie sich als eines der wenigen Nadelgehölze in Form schneiden lässt und immer wieder gut neu austreibt. Eiben sind immergrün. Allerdings ist ihr Laub recht dunkel. Damit die Rahmenbepflanzung im Schatten, im Halbschatten und in der Sonne nicht zu dunkel wirkt, kann man sie zum Beispiel mit dazu gepflanzten Gräsern leicht aufhellen. Eiben bilden sehr hartes Holz und werden extrem alt.

∼⟨) Der **Heide-Wacholder** (*Juniperus communis*) ist auf vielen Gräbern zu sehen. Dieser Wacholder ist hart im Nehmen, er verträgt fast jeden Boden und schätzt einen Platz in der vollen Sonne. Pflege braucht die robuste Pflanze nicht, sie behält auch von allein ihre Form. Einige Sorten wachsen extrem schnell und sprengen dann jedes Maß auf dem Grab. Deshalb sollten Sie beim Einkauf nach schwach wachsenden Sorten fragen.

∼⟨) Die **Muschelzypresse** (*Chamaecyparis obtusa* 'Nana Gracilis') ist ein langsam wachsendes Nadelgehölz für Plätze im Halbschatten. Weil die Muschelzypresse so langsam wächst und sich durch vorsichtigen Schnitt in Form halten lässt, ist sie auch für kleinere Gräber geeignet. Diese Zypressen gelten wegen ihrer Schönheit als sehr wertvoll, kein Wunder also, wenn ältere Exemplare beim Kauf kräftig zu Buche schlagen.

∼⟨) Der **Fächer-Ahorn** (*Acer palmatum*) gehört zu den schönsten Rahmengehölzen für das Grab im Halbschatten und in der Sonne. Viele Sorten bleiben recht klein und wachsen langsam. Deshalb sind sie auch für kleine Gräber geeignet. Der Fächer-Ahorn lässt sich bei Bedarf vor dem Frühjahr schneiden. Er ist nicht immergrün, aber vor dem Abwerfen des Laubes sorgt er mit eindrucksvoller Herbstfärbung noch einmal für Aufmerksamkeit.

Stauden bieten Vielfalt pur

∼⟨) **Gräser**, wie die Seggen (*Carex*), gehören zu den Stauden, die sich auf Gräbern sehr gut machen. Gräser sorgen immer für Leichtigkeit in der Gestaltung. Wird viel mit ihnen gearbeitet, entsteht ein recht naturhafter Eindruck. Seggen bevorzugen Plätze im Halbschatten, trockene Böden mögen sie ebenso wenig wie große Hitze im Sommer. Sie werden in der Regel kaum höher als 30 cm, damit sind sie auch als Rahmenbepflanzung für kleinere Gräber geeignet. Der Rückschnitt der alten Triebe erfolgt kurz vor dem Neuaustrieb im Frühjahr.

∼⟨) **Farne** können im Halbschatten und Schatten wie Gräser sehr dekorativ und natürlich auf Gräbern aussehen. Wintergrüne Vertreter, wie der Hirschzungenfarn (*Asplenium scolopendrium*) passen wegen ihrer Größe vor allem auf große Gräber, doch dort sind sie echte Hingucker. Viele andere Farne eignen sich ebenfalls für den Rahmen, im gut sortierten Fachhandel finden Sie eine entsprechende Auswahl.

∼⟨) Das **Tränende Herz** (*Dicentra spectabilis*) gehört zu den Stauden mit der auffälligsten Blüte. Plätze in der Sonne und im Halbschatten sind die besten. Doch selbst an guten Standorten wird das Tränende Herz leider nicht sehr alt, es gehört einfach zu den kurzlebigeren unter den Stauden. Die Blüte erscheint für wenige Wochen von Mai bis Juni. Danach hat das schöne silbergrüne Laub einen guten Zierwert.

Christrosen (*Helleborus niger*) sind Symbole des Lichts und blühen oft schon ab Weihnachten bis weit ins Frühjahr hinein. Sie sind extrem ausdauernde Stauden, die vor allem auf großen Gräbern im Halbschatten einen guten Platz finden können. Allerdings mögen Christrosen nicht gern verpflanzt werden, weshalb man sich den Platz für sie gut überlegen sollte. Das schöne Laub ist immergrün. Christrosen sind deshalb auch ohne Blüte dekorativ.

Bei den **Funkien** (*Hosta*) bleiben wie in vielen Gärten auch in der Grabgestaltung kaum Wünsche offen. Die Blattstauden für den Schatten und Halbschatten gibt es in vielen Größen und mit vielen verschiedenen Blattmustern. Funkien sind nicht immergrün. Schneiden Sie das Laub im Herbst, wenn es zu welken beginnt, ab, um Fäulnis zu verhindern. Funkien blühen im Juli und August, doch die Blüten sollten als Zugabe betrachtet werden, wichtig sind hier die Blätter.

Das **Purpurglöckchen** (*Heuchera*) gehört zu den Stauden, die von Gräbern kaum wegzudenken sind. Vor allem an halbschattigen Plätzen fühlen sich die vielgestaltigen Stauden wohl. Da es auch kompakt wachsende Sorten gibt, sind Purpurglöckchen auch für kleine Gräber geeignet. Mit den verschiedenen Blattfarben und -formen lassen sich ausgesucht schöne Gestaltungen erreichen. Diese Stauden sind recht ausdauernd, ältere Exemplare lassen sich einfach durch Teilung verjüngen.

Mit höheren Stauden lässt sich das Grabzeichen sehr schön einbinden.

Zwiebelblumen, wie die Narzisse (*Narcissus pseudonarcissus*), lassen sich sehr gut in der Rahmenbepflanzung verwenden. Die frühlingsblühenden Varianten werden im Herbst am besten in kleinen Tuffs mit fünf oder sieben Zwiebeln eingesetzt. Nach der Blüte verwelkt das Laub schnell und macht Platz für die nächsten Blumen aus Zwiebeln und Knollen. Auch sommerblühende Varianten, wie kleine Dahlien, sind als Rahmenbepflanzung auf einem Grab denkbar.

Buchsbaum – ein trauriges Kapitel

Der Buchsbaum ist auf Friedhöfen häufig zu sehen. Leider hat sich in den letzten Jahren ein hartnäckiger Pilz in den schönen Gehölzen eingenistet, der sich nicht wirksam bekämpfen lässt. Sind die Pflanzen befallen, sehen sie wie verbrannt aus und verlieren die Blätter. Der Pilz ist sehr ansteckend – auf einigen Friedhöfen gibt es mittlerweile ein Verbot für Buchsbaum. Guten Gewissens empfehlen kann man ihn wegen dieser Problematik nicht mehr.

Saisonblumen für zwei Jahreszeiten

Zur traditionellen Grabpflege gehört es, mit Saisonblumen mehrmals im Jahr für immer neue Blütenpracht auf dem Grab zu sorgen. Am besten konzentriert man sich auf die Frühlings- und die Herbstbepflanzung.

Das sind die beiden einfachsten Bepflanzungen auf einem Grab. Denn weder im Frühling noch im Herbst spielt die Lage des Grabes eine Rolle. Im Frühling hat die Sonne noch nicht genug Kraft um die Pflanzen wirklich stark wachsen zu lassen, im Herbst ist ihre sommerliche Energie erschöpft und die Pflanzen wachsen kaum noch. Das bedeutet für alle, die ein Saisonbeet im Frühling oder Herbst auf ein Grab pflanzen wollen, dass sie bei den Pflanzen nach Belieben auswählen können.

Orientierungstage für Bepflanzungen

Die Frühlingsbepflanzung wird in aller Regel zu Ostern abgeschlossen, schon allein, damit zu diesem Feiertag der Auferstehung die Gräber geschmückt sind. Die Frühjahrspflanzen bleiben in wärmeren Gegenden bis Mitte Mai, in kälteren Regionen, beispielsweise Mittelgebirgen, oft bis Anfang oder Mitte Juni auf dem Grab. Als Richttermin für den Wechsel zur Sommerbepflanzung werden traditionell die Pfingsttage gesehen, die freilich je nach Kalenderjahr früher oder später liegen können.

An Pfingsten beginnt traditionell die Sommerbepflanzung.

Die Herbstbepflanzung beginnt je nach Region ab Ende September. Landläufig dienen als zeitliche Orientierung für die Fertigstellung die sogenannten Trauerfeiertage, die in katholischen Regionen mit dem Allerheiligentag am 1. November beginnen. Für Evangelische spielt der Ewigkeitssonntag zum Schluss des Kirchenjahres eine besondere Rolle – es ist der letzte Sonntag vor dem 1. Advent. Oft sind die Gräber bereits ab Mitte Oktober mit ihrem Herbstkleid versehen, zu den Totenfeiertagen zaubert dann manch ein Friedhofsgärtner in kalten Lagen noch eine Schmuckabdeckung aus Tannenreisig auf die Gräber.

So pflanzen Sie erfolgreich

Im Frühling wie im Herbst kann die Erde, die bereits auf dem Grab ist, verwendet werden. Zur Sommerbepflanzung, die deutlich länger bestehen soll, lohnt es sich, den Boden mit frischer Erde zu verbessern.

Eine Düngung ist weder für die Frühlings- noch für die Herbstbepflanzung notwenig. Für beide Jahreszeiten reicht der Nährstoffvorrat aus, den die Gewächse bereits vom Gärtner bekamen. Eine weitere Düngung ist auch deshalb nicht notwendig, weil grundsätzlich schnelles Wachstum auf dem Grab nicht erwünscht ist.

Bevor Sie Frühjahrs- oder Sommerpflanzen setzen, sollten Sie die Erde auf dem Grab gut lockern und den Ballen der Pflanzen vor dem Einsetzen ins Beet gründlich in einen Eimer mit Wasser tauchen, damit er sich gut vollsaugen kann und die Pflanze in der Startphase gut mit Wasser versorgt ist. Danach setzen Sie die Gewächse ins Beet. Am einfachsten ist es, wenn Sie am hinteren Rand anfangen und sich dann über die Mitte nach vorne vorarbeiten.

Damit die Pflanzen für Besucher, die vorn am Grab stehen, besonders gut zur Geltung kommen, können Sie das Beet auch leicht aufwölben. Das kann zum Beispiel so aussehen, dass das Beet von der Seite betrachtet wie das Glas einer Uhr gewölbt ist. Diese Erhöhung erreichen Sie durch das Hinzufügen von mehr Erde in der Mitte. Denken Sie daran, nach dem Pflanzen alles mit mehreren Kannen Wasser gut anzugießen.

Tulpen und andere Zwiebelpflanzen begeistern auch auf Friedhöfen.

Frühling – Blüten für den Auftakt

Die klassischen Frühlingsblumen für das Grab sind **Stiefmütterchen** (*Viola*). Früher standen die großblumigen Stiefmütterchen im Vordergrund, heute sind sie von den kleinblumigen **Horn-Veilchen** (*Viola cornuta*) verdrängt worden. Die kleinen sind einfach wetterfester und sie vertragen auch die ersten heißen Tage, die wir oft schon im April bekommen, ohne große Probleme. Horn-Veilchen gibt es in allen nur denkbaren Farben und Kombinationen. Wer hier auswählen muss, hat wirklich die Qual der Wahl. Die Pflanzen brauchen keine Pflege. Verblühtes wird immer wieder von neuen Blüten überwachsen.

Kissen-Primeln (*Primula vulgaris* subsp. *vulgaris*) sind auf dem Grab ein wenig in Vergessenheit geraten. Sie sind leider empfindlicher gegen Regen als die Stiefmütterchen und gelegentlich sollten die Blüten ausgeputzt werden. Doch die Primeln haben eine ausgesucht schöne Palette an besonders leuchtenden Farben, die Stiefmütterchen so nicht bieten können. Natürlich kann man beide Arten auch mischen.

Vergissmeinnicht (*Myosotis sylvatica*) sind wegen ihres schönen deutschen Namens und den Blüten in einem einmaligen Blau so beliebt. Sie werden gern in Mischungen gepflanzt und machen zum Beispiel gemeinsam mit Stiefmütterchen eine gute Figur. In der Kombination fällt dann auch kaum auf, das Vergissmeinnicht nicht ganz so ausdauernd blühen. Besondere Pflege brauchen sie nicht.

Das Frühjahr bringt bunte Farben.

⚘ **Gänseblümchen** (*Bellis perennis*) sind ebenfalls Klassiker für den Frühling. Sie sind dank der schönen Blattrosette auch nach dem Verblühen noch dekorativ. Am besten pflanzt man sie allerdings in gemischte Beete. Verblühtes können Sie gelegentlich entfernen.

⚘ Vorgetriebene **Blumenzwiebeln**, wie von Narzissen, Tulpen oder Hyazinthen, bieten sich ebenfalls für eine farbenfrohe Frühlingsbepflanzung an. Sie werden direkt aus dem Topf ins Beet gepflanzt, am schönsten sieht das aus wenn sie mit ihren leuchtenden Blüten die Mitte bilden. Sind die Zwiebeln verblüht, zieht man sie vorsichtig aus dem Beet – und die anderen Pflanzen werden die Lücken schnell schließen. Häufig werden die Beete rund um die Osterzeit mit Hilfe von kleinblumigen Narzissen passend zum Fest aufgepeppt.

⚘ Angesagt sind zurzeit **gemischte Frühlingsbeete**, die auch kleine Gräser oder Stauden enthalten. Sie erinnern ein wenig an die bunten Herbstbeete, die seit Jahren sehr beliebt sind. Zum Teil finden sich bereits in Frühlingsbeeten gute alte Bekannte aus dem Herbst, wie das Purpurglöckchen oder verschiedene Gräser und Farne. So ein Beet lädt zum Experimentieren ein. Man kann verschiedene Farben und Formen ausprobieren – und wenn sie wider Erwarten doch nicht gefallen, kommt die Sommerbepflanzung doch recht schnell.

Lieber etwas später pflanzen

Friedhöfe haben wegen der vielen Gehölze, die auf ihnen wachsen, oft ein eigenes Klima. Das kann deutlich von den Verhältnissen abweichen, die wir rund um Haus und Garten gewohnt sind. Deshalb gilt: Im Frühling auf dem Friedhof lieber einmal etwas später pflanzen als zu früh.

Und weil es auf dem Friedhof oft kälter ist als in Beeten direkt am Haus, ist es wichtig, dass alle Pflanzen, die auf das Grab kommen sollen, abgehärtet sind. Entsprechende Pflanzen bekommen Sie bei Gärtnern, nicht unbedingt jedoch in den Supermärkten.

Herbst – farbenfrohes Finale

⚘ **Heide** gehört zu den Klassikern für den Herbst. Allerdings steht heute die **Besenheide** (*Calluna vulgaris*) auf den Gräbern im Vordergrund. Sogenannte „Knospenblüher", das sind Sorten, deren Blüten sich nicht öffnen, haben den Siegeszug der Besenheide begründet. Die Knospen halten die Farbe sehr lange. Teilweise ist sie noch im Frühling zu sehen. Außerdem ist die Besenheide bei uns heimisch und verträgt auch einige Frostgrade. Das

kann die **Glocken-Heide** (*Erica gracilis*), die ursprünglich aus Süd-afrika stammt, nicht bieten. Dafür hat sie eine sehr schön rot leuchtende Blüte – und die ist der Grund, warum sie viele Men-schen immer noch gern auf herbstlichen Gräbern sehen. Die dritte Heideart, die im Herbst wieder vermehrt zu sehen ist, ist die **Schnee-Heide** (*Erica carnea*). Neue Sorten sorgen für eine deutlich frühere Blüte und für schöne Laubfarben, mit denen sich hervorragend spielen lässt. Diese Heide blüht oft bis weit ins Frühjahr hinein. Allerdings ist der Blütenflor dann nicht so inten-siv wie bei den klassischen alten Sorten der Schnee-Heide.

Das **Alpenveilchen** (*Cyclamen persicum*) gehört zu den neuen Pflanzen auf dem Grab. Vor allem die kleinblumigen Sorten sind sehr robust, sie vertragen auch einmal einen herbstlichen Regen-schauer und die ersten Stürme. Alpenveilchen kommen mit den herbstlichen Temperaturen im Freien sehr gut zurecht, in unseren Wohnungen ist es für sie meist viel zu warm. Zum schön gezeich-neten Laub bieten Alpenveilchen leuchtende und oft auch leicht duftende Blüten. Sie sollten gelegentlich ausgeputzt werden, damit sie nicht zu faulen beginnen. Das Laub verträgt durchaus Frost, die Blüten verschwinden dann für eine Weile, tauchen aber bei der nächsten Wärmeperiode schnell wieder auf. Ganz winter-hart sind die Pflanzen aber nicht. Nach den ersten starken Frösten im Dezember oder Januar sollten sie aus dem Beet entfernt werden.

Chrysanthemen sind vielerorts von herbstlichen Gräbern nicht wegzu-denken. Vor allem die kleinblumigen Sorten finden sich oft in gemischten Beeten, wo sie mit ihren typischen Herbstfarben schöne Akzente setzen. Großblumige Chrysanthemen sind etwas empfindlicher gegen Regen, sie werden häufig in Schalen oder als Strauß zu den Trauerfeiertagen ans Grab gebracht.

Der **Enzian** (*Gentiana aculis*) gehört mit seinen leuchtend blauen Blüten mittlerweile zum herbstlichen Grab wie das bunte Laub der vielen Gehölze auf dem Friedhof. Enzian ist eigentlich eine Staude, doch bei der Herbst-bepflanzung wird er wie eine Saisonblume behandelt. Die Pflanzen vertra-gen keine Trockenheit und keine ständige Nässe, aber sie fühlen sich bei herbstlichen Temperaturen sehr wohl. Die leuchtend blauen Blüten öffnen sich übrigens nur, wenn die Sonne scheint. An regnerischen Tagen sieht man sie nicht.

Mit dem **„Herbstzauber"-Sortiment** kam vor einigen Jahren eine aus-gesucht schöne Mischung aus Stauden, Saisonblumen und kleinen Gehöl-zen auf den Markt. Diese Arten und Sorten eignen sich hervorragend für das Bepflanzen von herbstlichen Gräbern. Purpurglöckchen setzen zum Beispiel

deutliche Akzente zwischen Heide, Gräser sorgen für eine gewisse Leichtigkeit und Farne verwandeln das Beet in einen kleinen Ausschnitt aus dem Wald. Diese Vielfalt ist für alle, die gern experimentieren genau richtig. Ein Teil dieser Pflanzen findet sich mittlerweile auch in modernen Frühlings- und Sommerbeeten.

Alpenveilchen eignen sich hervorragend für die Bepflanzung im Herbst.

Abdecken notwendig?

In manchen Gegenden hat das winterliche Abdecken der Gräber mit Reisig Tradition und gehört zum dekorativen Bild. Praktischer Grund ist, dass dies die darunterliegenden und ruhenden Pflanzen vor drastischem Frost schützen kann. Bleibt es allerdings im Winter eher warm und dafür feucht, besteht für Stauden unter der Reisigschicht die Gefahr, dass sie zu faulen beginnen. Deckt man Gräber mit Stauden aus diesem Grund nicht ab, kann das in sehr kalten Wintern mit viel kahlem Frost, also Kälte ohne schützende Schneedecke, Stauden wie Gehölze schädigen. Was also tun?

Wer sein Grab selbst pflegt, kann unter Umständen auf die eigentliche Winterabdeckung verzichten und sollte dann für eisige Tage ein Schutzvlies oder ein paar Reisigzweige zur Abdeckung parat haben.

Sommerbepflanzung: Buntes für heiße Tage

Ab Mitte Mai oder in kalten Regionen ab Anfang Juni beginnt der Sommer. Anders als im Frühling oder Herbst sollten Sie nun beachten, mit welchem Standort Sie es zu tun haben, denn die Pflanzen bleiben mehrere Monate auf dem Grab.

Hinzu kommt, dass die Sonne im Sommer die größte Kraft hat – und Gewächse, die den Halbschatten lieben, halten hohe Sonneneinstrahlung auf Dauer nicht aus. Vor dem Einkauf von Pflanzen muss man also wissen, für welchen Standort die Gewächse gebraucht werden. Ein wenig nachdenken lohnt sich. Eine gute Wahl sorgt für ein pflegeleichtes Beet mit gesunden Pflanzen, die Freude machen.

Vor dem Bepflanzen sollten Sie die Erde auf dem Beet gut durcharbeiten und eventuell ergänzen oder austauschen. Eine zusätzliche Düngung ist nicht nötig, weil die Pflanzen noch einen Vorrat aus der Gärtnerei im Topfballen haben. Außerdem ist übermäßig starkes Wachstum auf einem Grab nicht erwünscht.

Das Beet wird wie im Frühling oder im Herbst gepflanzt. Der beste Tag für die Pflanzaktion ist, wenn es nicht zu heiß und im Idealfall bewölkt ist. Werden die Pflanzen an heißen Standorten sofort großer Hitze ausgesetzt, bedeutet das für sie keinen guten Start.

Bewährte Blüher für Schatten und Halbschatten

Knollen-Begonien sind die Klassiker für Lagen im Schatten oder Halbschatten. Große Hitze mögen diese Pflanzen nicht, sie kommen an etwas kühleren Plätzen besser zurecht. Beachten Sie beim Pflanzen das „Gesicht" dieser Begonien und setzen Sie alle in der gleichen Richtung ein. Für Beete im tiefen Schatten wählen Sie lieber Sorten in Pastellfarben, so wirkt das Beet insgesamt harmonischer. Natürlich lassen sich Knollen-Begonien auch mit anderen Arten und Sorten, wie den Elatior-Begonien (Zimmerbegonien), mischen. Gelegentlich sollte Verblühtes ausgebrochen werden. Mehr Pflege brauchen diese Klassiker nicht.

Fuchsien wachsen ebenfalls am besten im Halbschatten. Stimmt die Wasserversorgung, kommen die durstigen Pflanzen jedoch auch an wärme-

ren Standorten zurecht. Fuchsien gibt es in vielen unterschiedlichen Formen und Farben, sie bieten aber nicht nur die knalligen Farben, sondern
sind oft auch dezente Schönheiten. Um einen zusätzlichen Akzent ins Beet
zu bringen ist eine **Buntnessel** (*Plectranthus scutellarioides*) ein sehr guter
Kombinationspartner.

Edel-Lieschen (*Impatiens Neuguinea*-Hybriden) sind die größeren
Schwestern der Fleißigen Lieschen. Sie werden in halbschattigen Lagen
gepflanzt, weil sie die große Hitze nicht vertragen, die Wärme des Sommers
aber sehr wohl mögen. Wegen ihrer Größe passen Edel-Lieschen vor allem
auf große Gräber. Es gibt aber auch Minipflanzen.

*Wer es bunt mag,
hat viele Möglich-
keiten!*

Pflanzen für die pralle Sonne

Eis-Begonien (*Begonia Semperflorens*-Gruppe) gehören zu den Klassikern für
die Sonne und den *Halbschatten*. Es gibt kleine Begonien in vielen verschiedenen Farben sowie als grün- und braunlaubige Varianten. Dazu kommen
noch neuere gefüllte Sorten. Eis-Begonien brauchen keine besondere Pflege.
Werden die Pflanzen ab August zu hoch, kann man sie einfach 15 cm über
dem Erdboden abschneiden, einmal gut wässern und mit einem Zimmer-
pflanzendünger leicht düngen. Nach drei bis vier Wochen beginnt dann die
nächste Blüte.

Die Vielfalt der Eis-Begonien bietet sich zum Mischen an. Aber man kann die kleinen Begonien auch zum Beispiel mit Hilfe von **Geranien** in Szene setzen. Beide Arten vertragen sich gut. Beide haben die gleichen Ansprüche an den Standort und beide sind sehr hitzefest. Neuere Geranien-Sorten werden nicht mehr ganz so hoch, deshalb eignen sie sich ebenfalls für die Grabbepflanzung.

Eis-Begonien – gar nicht langweilig

Häufig beklagen Menschen die Eintönigkeit bei der sommerlichen Grabbepflanzung, wenn nur Eis-Begonien zu sehen sind. Die kleinen Begonien haben allerdings unschlagbare Vorteile: Sie sind fast unverwüstlich, sie trotzen auch sehr großer Hitze. Langeweile muss allein deshalb schon nicht sein, weil es viele verschiedene Sorten gibt. Darunter sind mittlerweile auch gute gefüllt blühende Varianten. Und wer gern verschiedene Pflanzen miteinander kombiniert, bekommt mit den kleinen Begonien tolle blühende Kombipartner zu Gräsern, Farnen oder kleinen Gehölzen in die Hand. Das ist dann alles andere als langweilig!

⚘ **Gazanien**, auch als Mittagsgold bekannt, sind ein echter Tipp für alle Plätze, an denen es im Sommer sehr heiß wird. Bei Sonnenschein und hohen Temperaturen fühlen sich Gazanien erst richtig wohl. In einem völlig verregneten Sommer können sie versagen. Die modernen Sorten haben ihre Blüten übrigens deutlich länger geöffnet als die Klassiker. Auch deshalb sind Gazanien einen Versuch wert. Die Pflege beschränkt sich auf gelegentliches Ausputzen von Verblühtem.

⚘ Duftliebhaber kommen mit der **Vanilleblume** (*Heliotropium arborescens*) auf ihre Kosten. Die intensiv nach Vanille duftenden Blüten lieben die Wärme. Auch sie vertragen einen sehr warmen Standort, brauchen dann aber eine gute Wasserversorgung. Gelegentlich sollte Verblühtes ausgeputzt werden.

⚘ **Zauberglöckchen** (Hybriden von *Calibrachoa*) entwickeln sich erst in der Wärme richtig gut. In kalten und nassen Sommern werden sie nie so schön wie in wärmeren. Zauberglöckchen wachsen eher flach, sie breiten ihre Triebe gern über größere Flächen aus und bilden recht schnell dichte blühende Bestände.

Gelegentlich sieht man sie deshalb als Saisonbepflanzung auf einem provisorischen Grab, doch selbstverständlich passen sie auch in ein normales Beet.

🌿 **Strauchmargeriten** (*Argyranthemum frutescens*) sieht man auf Gräbern selten. Dabei eignen sich die kleinen Margeriten vor allem in Form von Hochstämmchen als Mittelpunkt für ein Beet. Das muss dann aber auch in der vollen Sonne liegen, sonst versagen die Pflanzen. Bei Kälte und Feuchtigkeit leiden sie. Nach der ersten Blüte können Sie die Stiele knapp über dem Laub abschneiden, nach wenigen Wochen bildet sich dann ein zweiter Flor, der ebenso lange anhält wie der erste.

🌿 Der **Hahnenkamm** (*Celosia argentea Cristata*-Gruppe) wurde früher eher im Herbst verwendet, doch eigentlich mag er die Wärme und das Licht. Jetzt sieht man die eigenwillig geformten Blütenstände immer häufiger im Sommer. Sie halten ihre leuchtenden Farben lange. Das macht sie vor allem in gemischten Beeten attraktiv.

🌿 **Blattschmuck-Geranien** sind neben den klassischen Geranien interessante Pflanzen für Beete in voller Sonne. Zur Not nehmen die Pflanzen mit den schönen Blättern auch mit dem Halbschatten vorlieb, doch in der Sonne sind ihre Farben und Muster am schönsten ausgeprägt. Die Blüten sind recht unscheinbar, sie sind Nebensache – hier kommt es auf das Laub an. Damit sind Blattschmuck-Geranien auch sehr gute Kombinationspartner für gemischte Beete.

Elatior-Begonien sind hervorragende Sommerblüher – hier charmant ergänzt mit weiß blühenden Chamaesyce.

Kindergräber

Die berührendsten Gräber auf unseren Friedhöfen sind die von Kindern. Wer empfindet es nicht als ungerecht, dass Kinder schon gestorben sind, bevor ihr Leben richtig begonnen hat.

Jeder kann (allerdings nur höchstens) ansatzweise nachvollziehen, was es für Eltern bedeuten muss, ihr Kind hergeben zu müssen. So wundert es nicht, dass Kindergräber auch diejenigen sind, die am intensivsten und persönlichsten gestaltet werden. Familienangehörige bringen persönliche Dinge der Kinder auf die Gräber mit, sei es Spielzeug aller Art: Puppen, Spieltiere oder Fahrzeuge. Auch beschützende Engel sind häufig zu sehen, ebenso Laternen und andere Lichter, die den Weg hell machen sollen.

Liebe und Schmerz finden ihren Ausdruck

Rechts: Kinder-gräber werden oft kleinteilig gestaltet.

Bei Kindergräbern sind die Friedhofsträger meist besonders großzügig und rücksichtsvoll, was die individuelle Gestaltung anbetrifft, zumal meist alle Kindergräber in einem gemeinsamen Feld liegen und sehr persönliche Gestaltungsansätze nicht über den ganzen Friedhof verstreut sind.

Unten: Ein kleines Zeichen – aber sehr wirkungsvoll.

Mehr als andere Gräber bringen Kindergräber die Liebe der Eltern, der Geschwister und anderer Angehöriger zum Ausdruck. Und darüber wird auch gleichzeitig der übergroße Schmerz deutlich. Eine geringere Rolle zumindest für viele Jahre spielt sicherlich die Erinnerung – denn bei verstorbenen Kindern braucht es kein Grab, keine Symbole, um die Person nicht zu vergessen.

Überlegungen für die Kleinen

Auch wenn gerade auf Kindergräbern jede Familie ihren eigenen Weg finden darf und muss, können ein paar Empfehlungen dennoch hilfreich sein:

🌱 Persönliche Gegenstände des Kindes oder für das Kind vermitteln besonders viel Nähe und Liebe und verleihen der Trauer besonders viel Ausdruck. Das ist aber nicht von der Menge dieser Gegenstände abhängig. Wählen Sie ein paar wenige und besonders bedeutsame und für Sie wichtige Gegenstände aus.

⌁ Eine große Hilfe können helle flache Steine mit besonderen Formen sein, die sich beschriften lassen. So können verschiedene Angehörige ihre persönlichen Gedanken festhalten. Vielleicht sind gerade in der ersten Trauerzeit einige unbeschriftete Steine und ein wasserfest schreibender Stift für Besucher immer da?

⌁ Auch als Grabeinfassung können einfach nebeneinandergelegte Steine sehr schön sein – genau so, wie es eben kleine Kinder auch machen würden. Inwieweit das möglich ist, hängt von der örtlichen Friedhofssatzung ab.

⌁ Vor allem zu jüngeren Kindern passt selten ein Hochglanzstein. Auch wenn manche Angehörigen auch über den materiellen Wert dessen, was sie für das Grab verwenden, zeigen wollen, wie lieb ihnen das verstorbene Kind war. Widerstehen Sie dieser Versuchung – auch im Leben sind Kinder nicht

in erster Linie über den Sachwert von Dingen zu begeistern, sondern durch liebevolle Ideen.

✍ Mit Pflanzen lässt sich viel Kindgemäßes vermitteln. Welche Pflanzen haben dem Kind gefallen? Welche Farben und Formen? Viele Kinder mögen es bunt gemischt – gerade in den Sommermonaten gibt es unzählige verschiedene Pflanzen, die Sie mischen können und damit dieser Vorliebe für das Bunte gerecht werden können.

✍ Kinder begeistern sich gerade auch für Nutzpflanzen, beispielsweise Beerenobst oder auch Kräuter, an denen man riechen kann. Insofern können gerade solche Pflanzen für Kindergräber eine gute Sache sein.

✍ Während es sonst ratsam ist, nicht zu viele verschiede Pflanzen auszuwählen und stattdessen jeweils mehrere Pflanzen der gleichen Art zu verwenden, um einen ruhigen Gesamteindruck zu schaffen, lohnt es sich, bei Kindergräbern von diesem Prinzip abzuweichen. Verwenden Sie ruhig verschiedene Einzelpflanzen in aller Unterschiedlichkeit.

✍ Was für alle Gräber gilt, gilt hier ganz besonders: Ein Kindergrab muss und soll nicht wirken wie von einem Landschaftsarchitekt angeleg. Es darf unruhig, unregelmäßig, handgemacht aussehen.

✍ Falls Sie die Möglichkeit haben: Beziehen Sie andere Kinder beim Pflanzen mit ein, in erster Linie die Geschwister – wo das verstorbene Kind das einzige war, vielleicht auch Kinder aus anderen Familien, aus der Nachbarschaft, der Schulklasse, von Freunden. Zugegeben: Gerade in der ersten Trauerzeit fällt es manchen Eltern sehr schwer, mit anderen Kindern umzugehen und noch stärker zu spüren, was man verloren hat. Aber der Eifer dieser Kinder bei der Grabgestaltung kann auch helfen: Trotz des Verlustes bin ich nicht allein.

Grabgärten pflegen

Gräber sind eigentlich nichts anderes als sehr kleine Gärten und ein Friedhof ist so gesehen eine Gartenkolonie der besonderen Art: eine Gemeinschaftsgartensiedlung mit sehr kleinen Parzellen!

Die Herausforderung kleiner Flächen

Natürlich machen große Gärten mehr Arbeit als kleinere – einfach wegen der größeren Fläche, die es anzulegen und zu pflegen gilt. Das heißt im Umkehrschluss aber nicht, dass kleinere oder gar sehr kleine ganz einfach sind.

Schließlich muss die **Auswahl der passenden Pflanzen** für kleine Flächen genauer überlegt werden. Stark wachsende Pflanzen, die schnell groß werden, kommen nicht in Frage, ebenso stark wuchernde und viele Wurzel treibende Pflanzen – sie würden anderen schnell den Lebensraum nehmen.

Naturmaterialien wie Wurzeln und Äste lassen sich gut für die Gestaltung einsetzen.

Tipps für kleine Flächen

🪱 Verzichten Sie auf stark wachsende Pflanzen – die Kiefer mag des verstorbenen Opas Lieblingsbaum gewesen sein, aber auf seinem letzten Ruheplatz hat sie nichts zu suchen.

🪱 Waldfreunde finden, was sie suchen, auf einem Waldfriedhof. Natürlich hat ein großer Baum Anziehungskraft und viele Menschen wünschen sich, einmal unter einem solchen zu ruhen. In diesem Fall lohnt es sich, sich rechtzeitig über die Wahl des Friedhofs Gedanken zu machen: Waldfriedhöfe bieten die erwünschte Atmosphäre, ohne dass diese auf dem einzelnen Grab nachempfunden werden muss.

🪱 Beschränken Sie sich auf wenige Arten und pflanzen Sie dafür von jeder mindestens drei Pflanzen oder mehr, wenn eine größere Fläche bedeckt werden soll.

🪱 Durchaus möglich ist es (im Gegensatz zur traditionellen Saisonbepflanzung), auf eine immer wieder wechselnde Bepflanzung zu verzichten und das ganze Grab mit dauerhaften Pflanzen zu belegen. Hierfür bieten sich insbesondere Stauden oder auch Efeu an.

🪱 Vermeiden Sie unbedingt Pflanzen, die Rhizome oder Ausläufer bilden. Gerade auf kleinen Flächen sind Arten, die ortstreu bleiben besser geeignet.

Pflege mit wenig Zeitaufwand

Die Zeit ist ein knappes Gut, zumindest für viele Berufstätige. Zeitmangel ist auch der wichtigste Grund, warum viele heute vor der Betreuung eines Grabs zurückschrecken: Sie haben Angst, die nötigen Aufgaben nicht leisten zu können.

Lassen Sie sich ermutigen: Es gibt Strategien für die Pflege eines Grabs, mit deren Hilfe Sie mit relativ wenig Zeit zurechtkommen. Wie auch sonst im Leben muss nicht alles perfekt sein.

Wie Sie das Beste aus knapper Zeit machen

Wenn Sie überhaupt keine Zeit haben, sich um ein Grab zu kümmern, Ihnen aber eine gute Pflege dennoch am Herzen liegt, sprechen Sie mit einem Friedhofsgärtner. Mit diesem können Sie einen Pflegevertrag abschließen. Je nach Vertragsumfang bepflanzt der Gärtner das Grab mehrmals pro Jahr mit den zur Saison passenden Blumen, und so, dass die Arbeiten zu den wichtigen Feiertagen abgeschlossen sind. Zu den Dienstleistungen gehört auch das Schneiden der Pflanzen auf dem Grab, das Gießen im Sommer und sonstige Pflegearbeiten.

Sie sind nicht sicher, welcher von mehreren ansässigen Friedhofsgärtnern für Sie der beste ist? In aller Regel kennzeichnen die Betriebe die von ihnen betreuten Gräber mit kleinen Firmenschildern. Gehen Sie über den Friedhof und achten Sie auf diese Zeichen und darauf, wie gut Ihnen die Gräber jeweils gefallen. So können Sie entscheiden, welcher Friedhofsgärtner am ehesten Ihren Geschmack trifft.

Absprachen mit dem Friedhofsgärtner können auch nur Teilleistungen umfassen, die Ihnen die Freiheit geben, sich eben nach Ihren Möglichkeiten auch selbst bei der Grabgestaltung und -pflege einzubringen. Kundenorientierte Friedhofsgärtner räumen Ihnen auch die Möglichkeit ein, bei der Gestaltung des Grabs mitzuwirken.

Auch wenn es zur traditionellen Grabpflege gehörte, mehrmals pro Jahr jeweils zur Jahreszeit passende blühende Blumen zu pflanzen und auszutauschen: Das ist kein Gesetz! Wenn Sie das aus Zeit- und möglicherweise auch aus finanziellen Gründen nicht wollen, lassen Sie das Grab ganz mit dauerhaften Pflanzen bewachsen. Im einfachsten Fall kann das beispiels-

Selbst die kleinen Flächen von Urnengräbern lassen Raum für gärtnerische Ideen.

weise ein schöner Efeu sein, der das ganze Grab bewächst. Außer gelegentlichem Rückschnitt dieses Bodendeckers und ein wenig Unkrautentfernung fällt dann keine Pflege an. Aber auch mit einer Kombination aus mehreren dauerhaften Pflanzen, wie Stauden und Kleingehölzen, ist der Pflegeaufwand überschaubar.

Durchaus eine Rolle spielt, wie viel Spielraum Sie sich selbst bei der Pflege einräumen. Ist Ihnen unwohl, wenn nicht jede verblühte Blüte und jedes gelbe Blatt sofort entfernt ist? Machen Sie sich klar, dass das zur Natur gehört und es noch lange nichts mit Vernachlässigung zu tun hat, wenn Sie diese Blüten und Blätter nicht immer unmittelbar entfernen können.

Achten Sie bei der Pflanzenauswahl und der Bepflanzungsdichte darauf, dass das Grab möglichst schnell bedeckt ist. Dann nämlich hat es Unkraut schwer, sich zu entwickeln – und der Zeitaufwand für dessen Beseitigung ist gering.

Wenn Sie auf eine alle paar Monate wechselnde Saisonbepflanzung verzichten und ganz auf dauerhafte Pflanzen setzen, hat das zudem den Vorteil, dass Sie nur bei sehr langer und starker Trockenheit gießen (lassen) müssen – das minimiert Ihren Zeitaufwand zusätzlich. Hierbei spielt freilich auch eine Rolle, ob das Grab in voller Sonne oder im Schatten liegt und ebenso, ob der Boden eher sandig und damit wenig wasserspeichernd oder eher lehmig ist und die Pflanze über längere Zeit mit Wasser versorgen kann.

Wenn Sie tatsächlich vor Ort sind, um das Grab zu pflegen, spart Ihnen ein wenig Vorbereitung viel Zeit. Denken Sie an das nötige Werkzeug: An eine Gartenschere, um Pflanzen zurückzuschneiden, an eine Handschaufel, um zu pflanzen, eine Harke, um offene Grabflächen oder auch das Grab umgebende Kiesflächen zu ebnen – und nicht zuletzt an einen Handfeger, mit dem Sie nach vollbrachter Arbeit die Einfassung reinigen können. Nehmen Sie auch Blumenerde mit, um im Bedarfsfall auffüllen zu können.

Gemeinsam gestalten, gemeinsam pflegen

Es gibt einen besonderen Aspekt bei der persönlichen Gestaltung und späteren Pflege eines Grabs: Beides muss nicht einer einzelnen hinterbliebenen Person als Aufgabe bleiben. Recht häufig gibt es mehrere Hinterbliebene.

Und was im ersten Moment nach einer lästigen Verpflichtung aussieht, vor der sich jeder nach Möglichkeit drückt, kann mit gemeinsamer Absprache zu einer guten Sache werden.

Wer zusammen plant, wird mutiger

Auf der Suche nach einer Grabgestaltung, die zum Verstorbenen passt, tut man sich als einzelner möglicherweise schwer. Im Gespräch und Austausch mit Geschwistern, Verwandten und Freunden kann viel schneller eine Idee entstehen. Wo ein kreativer Gedanke wie ein Ball hin und her geworfen wird, ergeben sich Lösungen oft einfacher und schneller. Und außerdem: Für ein persönlich und individuell gestaltetes Grab braucht es Mut, gerade in eher traditionellen Gegenden, in denen Gräber nach recht ähnlichen Grundmustern angelegt werden. Dieser Mut entsteht und bleibt viel eher, wenn mehrere gemeinsam einen eigenen Weg suchen und diesen nach Möglichkeit auch umsetzen. Falls Gesprächs- und Diskussionsbedarf mit dem Friedhofsträger bestehen sollte, hilft gemeinschaftliches Handeln ebenfalls, nicht beim ersten leichten Gegenwind von den eigenen Ideen sofort wieder Abstand zu nehmen.

Es lohnt sich, Pflanzen auszuwählen, die ähnlich stark wachsen und sich nicht gegenseitig überwuchern.

Grabpflege kann Familien neu verbinden

Die gemeinsame Aufgabe der Grabpflege kann Angehörige, die möglicherweise lange kaum Kontakt miteinander hatten, neu zusammenbringen. Je nach den Gegebenheiten – wer wohnt wie weit weg? Wer hat wie viel Zeit, aber auch Motivation? – lässt sich die Pflege aufteilen. Der eine kümmert sich im Frühjahr um das Grab, ein anderer dann im Frühsommer, der dritte im Herbst. Und vielleicht entwickelt es sich zur Tradition, einmal jährlich einen gemeinsamen Termin am Grab anzustreben, um besonders lästige und aufwendige Arbeiten gemeinsam zu erledigen?

Laufende Pflege

Rund um die Pflege eines Grabgartens fallen verschiedene Arbeiten an. Keine von ihnen ist so kompliziert, dass sie nicht mit wenig Aufwand und ein bisschen Übung von jedem zu meistern wäre.

Wer ein Grab betreut, wird hin und wieder neue Pflanzen besorgen und diese auf das Grab setzen. Damit sich die Pflanzen gut entwickeln, müssen sie mit Wasser und Nährstoffen versorgt werden. Unerwünschte Pflanzen – Unkräuter – müssen entfernt werden, damit sie den vorgesehenen Pflanzen nicht den Lebensraum nehmen und das Gesamtbild stören. Schließlich sind auch die erwünschten Pflanzen im Zaum zu halten, zu schneiden und zu pflegen. Bei alldem kann man weniger falsch machen, als Garten- und Pflanzenunkundige oft befürchten!

Frühjahr, Sommer und Herbst

Für viele Menschen ist der Herbst, in dem sich auch die Natur zur Ruhe begibt, die passende Zeit für viele Arbeiten am Grab. Aus Sicht der Pflanze muss man dabei darauf achten, dass man Pflanz- und Schnittarbeiten nicht zu spät durchführt, weil bereits der erste Frost Schäden bewirken kann. Der Frühling ist ebenfalls ein beliebter Termin, um zum Beispiel einmal gründlich sauberzumachen.

Einen festen Plan, was wann erledigt werden muss, gibt es nur selten.

Den Frühlingsputz gibt es auch auf dem Grab: Dabei wird zum Beispiel alles alte Laub entfernt damit die neuen Triebe der Pflanzen ungehindert wachsen können. Oft wird auch das Grabzeichen in die Putzaktion miteinbezogen. Doch das ist Geschmackssache. Eine gewisse Patina aus Moosen und Flechten steht vielen Zeichen sehr gut zu Gesicht.

Je nach Region können Pflanz- und Pflegetermine deutlich anders ausfallen, als im Kalender (siehe Seite 122) vermerkt. So ist es zum Beispiel in sehr warmen Regionen durchaus üblich, zwischen der Sommer- und der Herbstbepflanzung des Grabes noch eine vierte Bepflanzung einzuschieben. Wegen der oft sehr großen Hitze halten in diesen Regionen nur wenige Sommerbeete lange genug durch. Deshalb pflanzt man dort ab Mitte oder Ende August häufig noch ein weiteres Mal.

In wieder anderen Regionen wird die Herbstbepflanzung mit der Winterabdeckung kombiniert. Dazu lässt man die Sommerbeete extrem lange,

oft bis weit in den Oktober hinein stehen und schmückt dann das Pflanzbeet mit einer Kombination aus Pflanzen und Winterabdeckung. Das sieht
schön aus und ist für alle, die ihr Grab nicht komplett abdecken wollen,
eine gute Alternative.

Pflanzen beim Gärtner kaufen

Auf großen Friedhöfen ist es besonders einfach, Pflanzen einzukaufen.
Gerade in Städten haben sich dort oft gleich mehrere Friedhofsgärtner an-
gesiedelt, die Pflanzen, Erde und Dünger bieten. Wer nur ein kleines oder
gar kein eigenes Auto hat, wird dieses Ange-
bot unbedingt schätzen, ebenso derjenige,
der in seinem Fahrzeug nichts Schmutzver-
dächtiges sehen will. Freilich hat der besondere Einkaufsservice direkt am Friedhof sei-

*Eine fachkundige Beratung vermeidet
Enttäuschungen und spart Geld.*

nen Preis: Pflanzen und Bedarfsartikel sind dort eher teurer als in
Gärtnereien und Gartencentern. Noch mehr als der Preis spricht allerdings
das nicht immer große Sortiment der direkt am Friedhof liegenden Betriebe
dafür, auch mal eine gute und größere Gärtnerei am Ort aufzusuchen. Wer
an eine eher naturhafte Gestaltung des Grabs denkt, wird vor allem die aus-
dauernden und mehrjährigen Stauden dafür benötigen. In diesem Fall lohnt
es sich, eine Staudengärtnerei oder Verkaufsbaumschule aufzusuchen. Nutzen Sie die Fachkompetenz ausgebildeter Gärtner und lassen Sie sich bera-

ten! Erzählen Sie, für welchen Zweck Sie Pflanzen suchen, wie sonnig oder schattig der Ort ist und auch, wie viel Zeit Sie für die spätere Pflege haben werden und einsetzen wollen.

Von ein und derselben Pflanzenart gibt es häufig mehrere Sorten mit teils deutlichen Unterschieden. Wer sich hier auf grobe Informationen beispielsweise von einem Etikett verlässt, verschenkt die Chancen einer guten Fachberatung. Auch über die Möglichkeiten der Kombination verschiedener Pflanzenarten wird Sie ein guter Gärtner beraten. Widerstehen Sie der Versuchung, die Pflanzen eben mal im Lebensmittel- oder Baumarkt mitzunehmen, weil sie dort so günstig sind. Nicht selten sind die Niedrigpreise nur deshalb möglich, weil die Pflanzen nur kurze Zeit in ihrem Topf standen und noch keinen vernünftigen Wurzelballen gebildet haben – im Grunde bekommen Sie damit ein nur halbfertiges Produkt.

Stauden, Gehölze und einjährige Blumen pflanzen

Sofern Sie Gartenerfahrung haben, ist es für Sie nichts Ungewohntes, Pflanzen in die Erde zu bringen. Wenn Ihnen diese Erfahrung fehlt, nehmen Sie das erste Mal am besten einen gartenerfahrenen Freund mit, der Ihnen erklärt und vor allem vormacht, wie Sie zum Gärtner des von Ihnen betreuten Grabs werden.

Vor dem Pflanzen sollten Sie unbedingt den Boden gut vorbereiten.

Bevor Sie zum Pflanzen selbst kommen, sollten Sie die für die neuen Pflanzen vorgesehenen Teilflächen vorbereiten: **Unkraut entfernen** und den **Boden lockern**, damit Sie sich beim anschließenden Pflanzen leichter tun und den Wurzeln eine gute Basis für ihr Wachstum ermöglichen.

Wenn Sie mehrere Pflanzen gekauft haben, aber noch nicht abschließend sicher sind, wie Sie diese am besten auf dem Grab verteilen: Stellen Sie zunächst alle Pflanzen auf die freien Flächen des Grabs und beginnen Sie nicht gleich damit, die erste Pflanze zu setzen. Das **Probestellen** ermöglicht Ihnen, die Pflanzen mehrfach ohne großen Aufwand neu zu positionieren, bis Sie eine möglichst gute Anordnung gefunden haben.

Nächster Schritt ist, alle Pflanzen aus ihren Töpfen zu holen. Das ist manchmal gar nicht leicht, wenn die Wurzeln bereits aus den Topflöchern gewachsen sind und unterhalb des Topfbodens einen richtigen Filz bilden. Scheuen Sie sich in diesem Fall nicht, diesen Filz mit den Fingern einfach abzurupfen. Sie schaden der Pflanze damit nicht, im Gegenteil: Diese Aktion wird die Pflanze dazu anregen, schnell neue Wurzeln zu bilden und schnell im Boden Fuß zu fassen. Wenn Sie alle Töpfe entfernt haben, können Sie die Pflanzen eine nach der anderen in die Erde bringen. Es lohnt sich, wenn Sie die Pflanzen unmittelbar vor dem Pflanzen mit dem Ballen **in einen Eimer Wasser tauchen** und zwar so lange, bis keine Luftblasen mehr aufsteigen. So können sie sicher sein, dass die Pflanzen für den Start gut mit Wasser versorgt sind.

Bei Pflanzen mit besonders großem Wurzelballen hilft ein Spaten, bei den meisten anderen reicht eine Handschaufel aus. Wenn die Pflanze in ihrem Pflanzloch steht, füllen Sie die Erde auf. Drücken Sie die umgebende Erde kräftig an, damit die Pflanze guten Kontakt zum Erdreich bekommt. Wenn Ihre Pflanzaktion beendet ist, können Sie mit einem Handfeger Erde auf der Einfassung wieder aufs Grab zurück fegen. Als letzte und ganz wichtige Maßnahme **gießen** Sie die neuen Pflanzen intensiv an. Dabei geht es nicht nur darum, diese für die erste Zeit mit ausreichend Wasser zu versorgen, schließlich haben Sie die Ballen ja direkt davor intensiv gewässert. Beim ersten Gießen geht es vor allem darum, die Wurzelballen in engen Kontakt mit dem umgebenden Erdreich zu bringen, damit die Wurzeln eine gute Chance haben, schnell in dieses einzudringen und sich von dort mit Wasser und Nährstoffen zu versorgen.

Am Schluss: Angießen nicht vergessen!

Selbst die zugeflogenen Sämlinge sorgen hier für ein naturhaft schönes Bild.

In der ersten Zeit regelmäßig gießen

Solange Pflanzen nicht angewachsen sind, also das umgebende Erdreich noch nicht mit ihren Wurzeln durchdrungen haben, sind sie auf eine regelmäßige Wasserversorgung besonders angewiesen. Das gilt umso mehr, wenn Sie in einer warmen und trockenen Phase gepflanzt haben. Aber auch wenn das Wetter regnerisch ist: Überschätzen Sie die Wirkung der Niederschläge nicht. Mancher Regen bewirkt nicht viel mehr als ein leichtes Anfeuchten der obersten Erdschicht und ersetzt das Gießen nicht.

Gekonnt gießen

Versuchen Sie beim Gießen für einen eher weichen Strahl zu sorgen, der weder die Pflanze schädigt noch das Erdreich wegspült.

Es lohnt sich, möglichst gezielt zu gießen – Sie müssen nicht das komplette Grab bewässern. Die bereits seit Längerem angewachsenen Pflanzen brauchen das Wasser nur in langen Trockenphasen. Nicht bewachsene Flächen bleiben besser trocken, schon allein deshalb, damit dort nicht Unkraut zum Sprießen angeregt wird.

An den Tagen direkt nach dem Pflanzen ist es wichtig, immer wieder durchdringend zu wässern. Bereits nach wenigen Tagen haben Pflanzen ersten Fuß gefasst und holen sich mehr und mehr vom benötigten Wasser aus dem umgebenden Erdreich. Die nötige Gießwassermenge kann reduziert werden. Im Zweifelsfall gießen Sie lieber etwas zu viel als zu wenig, überschüssiges Wasser kann schließlich versickern. In sehr kühlen Zeiten und dann, wenn unmittelbar längere Niederschlagsphasen vorhergesagt sind, gießen Sie weniger. Wenn Pflanzen bei eher niedrigen Temperaturen viel Feuchtigkeit ausgesetzt sind, kann dies die Entwicklung insbesondere von Wurzelkrankheiten fördern.

Für Nährstoffe sorgen

Pflanzen brauchen nicht nur Wasser, sondern auch Nährstoffe. Allerdings besteht hier selten großer Handlungsdruck. Selbst wenn sie kaum oder gar nie düngen, wird das sichtbare Auswirkungen auf den Wuchs haben. Blühende Saisonpflanzen, die ohnehin nur für einige Wochen oder höchstens Monate auf dem Grab stehen, bringen meist einige Nährstoffvorräte im Wurzelballen mit sich – und holen sich weitere Nährstoffe aus dem Erdreich. Gleiches gilt für länger stehende Pflanzen, die sich über ein ausgedehntes Wurzelsystem versorgen können. Wenn Sie der Grabbepflanzung unbedingt etwas Gutes in Sachen Nährstoffe tun wollen, verwenden Sie Dünger, die ihre Wirkung allmählich und über mehrere Monate entfalten. Da diese Nährstoffe nur in der Wachstumszeit benötigt werden und im Winter eher ausgeschwemmt werden, sollten Düngergaben nur bis in den Spätsommer erfolgen. Halten Sie sich an die auf der Packung empfohlene Ausbringmenge und streuen Sie nicht mehr – die Pflanzen würden dadurch nicht besser wachsen, der Boden dafür auf Dauer aber überdüngt werden, ein Problem, das in vielen Kleingärten sehr verbreitet ist.

Die Pflanzen im Zaum halten

Am Anfang beobachtet man jede Pflanzung aufmerksam: Entwickelt sie sich wunschgemäß? Fassen die Pflanzen Fuß und gehen nicht wieder ganz schnell ein? Oft vergehen nur wenige Jahre, bis sich die Situation anders darstellt: die erst kleinen Pflanzen haben sich so gut entwickelt, dass sie die knappe Fläche des Grabs schnell erobert haben, darüber hinauswachsen und auf Wege und vielleicht sogar bis zu benachbarten Gräbern reichen. Dann lautet die Aufgabenstellung, das Wachstum zu begrenzen, Pflanzen zu verkleinern – und in aller Regel geschieht das über einen **Schnitt**.

Spätestens bei dieser Maßnahme wird manchem unwohl, weil er sich überfordert fühlt und Schneiden als Experten-Know-How begreift. Zum Trost sei gesagt: Pflanzen verzeihen in aller Regel viel mehr, als man vermutet und nehmen auch einen nötigen beherzten Schnitt nicht übel. Wo Ihre Pflanzung die vorgegebenen Grabgrenzen sprengt, zögern Sie also nicht und schneiden weg, was zu viel ist. Natürlich gibt es für jede Pflanze optimale Schnittzeiten. Lassen Sie sich jedoch auch davon nicht zu sehr irritie-

Soll man diese wild gewachsenen Violen entfernen? Eigentlich sind sie doch ganz hübsch.

Gehen Sie beim Schnitt ruhig beherzt vor, aber verschonen Sie Nadelgehölze weitgehend.

ren. Pflegebesuche am Grab sind oft nur in großen Abständen möglich, wann es eben in die persönliche Zeitplanung passt – und wenn gerade dann ein Schnitt geboten erscheint, schreiten Sie zur Tat! Sofern Sie Nadelgehölze (Koniferen) auf dem Grab stehen haben, seien Sie weniger rabiat mit der Schnittstärke: Manche dieser Gehölze treiben nicht mehr ohne Weiteres aus, wenn sie zu stark zurückgeschnitten wurden.

Für das Schnittgut gibt es auf jedem Friedhof Container oder Plätze, an denen Sie das Material loswerden, Sie müssen es also nicht mit nach Hause nehmen und dort entsorgen.

Wildkräuter entfernen

Es ist eine alte gärtnerische und durchaus auch leidvolle Erfahrung, dass sich unerwünschte Pflänzlein aller Art meist viel schneller vermehren und entwickeln als die geplanten und erwünschten. Das ist auch auf Gräbern der Fall und zwar insbesondere in der ersten Zeit, wenn die Bodenoberfläche noch nicht zum größten Teil überwachsen ist. Unkraut wächst eben vor allem und am stärksten dort, wo keine anderen Pflanzen wachsen. Aus dieser Erkenntnis ergibt sich als wirkungsvollste vorbeugende Maßnahme gegen Unkräuter: Den Wuchs der anderen Pflanzen zu fördern, eventuell gleich zu Beginn eine größere Zahl von Bodendeckern zu verwenden als längerfristig nötig wäre, um schnell zu einer geschlossenen Pflanzendecke zu kommen.

Grabflächen sind nicht groß – selbst wenn Unkraut zu entfernen ist, wird das kaum zu einer wirklich zeitraubenden Beschäftigung. Handgeräte helfen, bei der Unkrautbeseitigung den Boden zu lockern und so die unerwünschten Pflanzen samt ihrer Wurzel zu entfernen, aus der sich sonst in vielen Fällen erneut eine Pflanze entwickelt, wenn sie nur oberflächlich abgerissen wurde.

Keine Herbizide auf dem Friedhof

Auf Friedhöfen sind aus Umweltschutzgründen keine Unkrautvernichtungsmitteln zugelassen, jedenfalls nicht für die Pflege von Einzelgräbern.

Das hat aber durchaus auch den Sinn, dass durch unsachgemäßen Gebrauch nicht andere Pflanzen geschädigt werden, zumal andere Gräber ja in aller Regel in unmittelbarer Nachbarschaft liegen und leicht in Mitleidenschaft gezogen würden.

Friedhofsgärtner übernehmen die komplette Grabbetreuung, wenn man selbst überhaupt keine Zeit dafür hat.

Die langfristige Grabpflege abgeben

Menschen werden immer älter und sie werden immer mobiler. Wer heute oft aus beruflichen Gründen um die Welt wandert, kann das Grab seiner Angehörigen kaum noch selbst pflegen.

Ein ungepflegtes Grab muss trotzdem nicht sein, die Friedhofsgärtner bieten allen, die diese Aufgabe nicht selbst erledigen können oder wollen, zwei Lösungsmöglichkeiten. Zum einen gibt es die **Jahrespflege**, bei der das Grab nach Absprache mit den Angehörigen oft nicht nur gepflegt, sondern auch bepflanzt und geschnitten wird, und die **Dauergrabpflege**, die sich über mehrere Jahre erstreckt.

Jahrespflege

Bei der Jahrespflege ist es möglich, die Arbeiten, die man selbst nicht mehr ausführen kann, dem Fachmann zu überlassen. Dazu gehören das Gießen des Grabes oder der Schnitt von Bodendecker und Rahmengehölz. Das Pflanzen des Beetes übernimmt man dann selbst. Ist das Grab komplett in

Pflege, muss man sich um nichts mehr kümmern. Je nach örtlichen Gegebenheiten und Auftrag wird das Grab dann vom Friedhofsgärtner sauber gehalten und bepflanzt. Für die Jahrespflege stellt der Friedhofsgärtner in der Regel einmal im Jahr eine Rechnung aus.

Dauergrabpflege

Wer sich um nichts am Grab kümmern will oder kann, bekommt mit der Dauergrabpflege eine gute Alternative. Dabei wird das Grab für die Dauer der Ruhefrist, mindestens aber für **fünf Jahre**, von einem Friedhofsgärtner bepflanzt und gepflegt.

Bei der Dauergrabpflege erstellt der Friedhofsgärtner vor Beginn der Arbeit ein **Leistungsverzeichnis**, aus dem sich dann die Vertragssumme ergibt. Sie wird für die gesamte Zeit der Grabpflege berechnet. Diese Summe muss auf ein Mal bezahlt werden. Um die Gelder sicher anzulegen und zu verwalten, haben die Friedhofsgärtner Genossenschaften und Treuhandstellen gegründet. Die Genossenschaft oder Treuhandstelle ist dann der eigentliche Vertragspartner des Angehörigen. Sie kümmert sich zum einen darum, dass die Gelder so angelegt werden, dass die jährlichen Kostensteigerungen aufgefangen werden.

Die Dauergrabpflege wird im Voraus bezahlt.

Zum anderen kontrolliert sie die ausführenden Friedhofsgärtner mindestens einmal pro Jahr. Dabei schauen sich die **Grabkontrolleure** jedes Grab sehr genau an und prüfen, ob die bezahlten Leistungen auch ausgeführt wurden.

Zur Dauergrabpflege gehört nicht nur die klassische Grabpflege, in die Verträge werden Gelder für die Überarbeitung des Grabes, für das Reparieren von Senkschäden oder bei einem Vertrag mit langer Laufzeit auch für die Neuanlage eingerechnet. Kann ein Friedhofsgärtner, aus welchem Grund auch immer, einen Vertrag nicht ausführen, sucht die Genossenschaft nach einem anderen Unternehmen, das die Leistungen erfüllen kann. Dauergrabpflege ist deshalb aus Sicht der Angehörigen eine **sichere Sache**.

Neben den klassischen Arbeiten am Grab kann in einem Dauergrabpflegevertrag auch festgelegt werden, dass zu einem bestimmten Gedenktag Blumen ans Grab gebracht werden oder eine Kerze angezündet wird. Einen Dauergrabpflegevertrag muss man übrigens nicht für ein bestehendes Grab abschließen. Man kann diese Verträge auch als Vorsorge nehmen. Bereits zu Lebzeiten abgeschlossene Verträge sind aus finanzieller Sicht besonders interessant: Da hier noch keine Leistung erbracht wird, summieren sich mit der Zeit die Zinsen. Dann kann das Grab später entweder länger gepflegt werden oder es sind Sonderleistungen, wie ein besonders üppiger Blumenschmuck, machbar.

Gemeinsam mit dem Gärtner

Bekanntermaßen kennen sich Gärtner besonders gut mit Pflanzen aus. Sie wissen, an welchem Standort welche Pflanze am besten gedeiht, wie sie zu versorgen und zu pflegen ist und was zu tun ist, wenn sie nicht richtig wächst, eine Krankheit bekommt oder von Schädlingen befallen ist. In der Berufswelt der Gärtner gibt es verschiedene Spezialisierungsrichtungen. Dazu gehört auch der **Friedhofsgartenbau**. Mancherorts ist er für die Gärtner nur ein Tätigkeitsfeld unter vielen, vor allem in Städten gibt es aber auch Firmen, die sich ganz auf den Friedhofsgartenbau spezialisiert haben. Nutzen Sie das Wissen der Fachleute, fragen Sie! In aller Regel werden Sie eine fundierte Antwort bekommen. Freilich: Wenn Sie mit billigen Ramschpflanzen auf dem Friedhof anrücken, die Sie im Supermarkt um die Ecke vor dem sicheren Vertrocknen gerettet haben und dazu dann einen friedhofsansässigen Gärtner um Rat fragen, wird sich seine Beratungsbegeisterung in Grenzen halten. Wo Sie aber wenigstens in Teilbereichen zum Kunde eines friedhofsansässigen Gärtners werden, können Sie auch von seinem besonderen Know-how profitieren – das Leben ist ein Geben und Nehmen!

Was Friedhofsgärtner leisten

Das Angebots- und Leistungsspektrum der Gärtner ist vielfältig. Auf großen Friedhöfen sind sie häufig mit einem Blumengeschäft vertreten, in dem Sie jahreszeitlich passende Blumen und Gestecke finden, die Sie auf das Grab pflanzen oder legen können. Auch Hilfsmittel wie Grabvasen, Kerzen oder Handgeräte für die Grabpflege sind häufig vorrätig.

Darüber hinaus stehen Ihnen die Friedhofsgärtner mit Beratungsleistungen zur Verfügung, die alle Fragen rund ums Grab betreffen, ob es nun um die erste Gestaltung des Grabs unmittelbar nach der Beisetzung geht, um die dauerhafte Anlage oder die spätere Pflege.

Standardisierte Leistungen haben Vorteile.

Wenn Sie ein Grab individuell und persönlich anlegen wollen, sollten Sie dennoch klären, inwieweit Sie einen Friedhofsgärtner vor Ort einbeziehen können und wollen. Die meisten Friedhofsgärtner setzen auf weitgehend standardisierte Leistungen – und das aus guten Gründen: Über viele Jahre wurden Gestaltungsrichtlinien entwickelt, die überregionale Geltung haben und sich für viele Situationen be-

Wem eine beson-
ders aufwendige
Grabgestaltung
wichtig ist, sucht
am besten den
Kontakt zum
Friedhofsgärtner.

währt haben. Besichtigungswerte Meisterleistungen auf Basis dieser Richt-
linien gibt es regelmäßig auf Gartenschauen zu sehen.

Einheitliche und standardisierte Leistungen haben zudem den Vorteil,
dass sie kontrollierbar sind – was für die Prüfungen wichtig ist, denen sich
anerkannte Friedhofsgärtner unterziehen. Und schließlich, nicht unwichtig:
Vereinheitlichte Lösungen sind kostengünstig, was wiederum im Interesse
der Kunden ist.

Individuelle Wege gehen?

Die recht klaren Gestaltungsrichtlinien der Friedhofsgärtner haben im
Blick auf die Gestaltung dennoch auch einen Nachteil: Längst nicht alle der
Fachleute sind es gewohnt, wirklich individuelle Wege zu gehen, die vom
Grundmuster der Gestaltungsrichtlinien abweichen. Mancher wird sich sogar klar gegen solche neuen und eigenen Wege wenden. Andere jedoch werden Ihnen interessiert zuhören. In Friedhofsgärtnerkreisen gibt es Leute, die
sich insbesondere der Verwendung von Stauden, mit denen eine naturhafte

Gestaltung möglich ist, beschäftigten. Sofern Sie also einen Friedhofsgärtner als Helfer gewinnen wollen oder müssen, haben Sie also tatsächlich zunächst die Aufgabe herauszufinden, ob dieser bereit ist, Ihnen für Ihre individuellen Vorstellungen als offener Partner zur Verfügung zu stehen.

Eine einfache Probe, ob Sie an den Richtigen geraten sind, können Sie übrigens damit machen: Ist der Friedhofsgärtner gern bereit, Sie bei der Umsetzung der Gestaltungsideen einzubinden? Begrüßt er es, wenn Sie dabei sind und soweit Sie das wollen, auch mitwirken? Wenn Sie diesen Wunsch äußern, werden Sie recht schnell merken, wie ernst es Ihrem Gesprächspartner mit der Umsetzung auch sehr persönlicher Ideen ist. So mancher Fachmann versucht, seine Kunden von der Grabanlage fernzuhalten, weil er befürchtet, dass Gespräche und Diskussionen mehr Zeit benötigen und nicht immer fruchtbar sind. Nehmen Sie ihm diese Angst, indem Sie bei einer gemeinsamen Aktion nicht alles und jedes in Frage stellen, was der Gärtner vorschlägt und tut. Sicherlich werden Sie bei dieser persönlichen Umsetzung, die für den Gärtner tatsächlich deutlich mehr Zeit bedeutet als eine traditionelle Gestaltung, auch mehr für Dienstleistungen bezahlen müssen – aber dafür auch ein besonders persönliches Ergebnis bekommen!

Suchen Sie den richtigen Gärtner für Ihre Ansprüche.

Alternativen zum Friedhofsgärtner

Falls Sie vor Ort keinen Friedhofsgärtner haben, mit dem Sie eine gemeinsame Wellenlänge finden: Floristinnen, Landschaftsgärtner und Landschaftsarchitekten haben viel Gespür für Gestaltung und den Umgang mit Pflanzen. Möglicherweise wird der eine oder andere geradezu erstaunt sein, wenn Sie auf ihn mit dem Anliegen einer Grabgestaltung zukommen – und Ihnen dann in aller Regel trotzdem gerne helfen. Zu klären ist in diesen Fällen allerdings, ob und inwieweit diese Leute gewerblich auf dem jeweiligen Friedhof tätig sein dürfen. Selbst wenn sie bei der Ausführung nicht aktiv werden dürfen: Ein beratendes Gespräch am Grab oder auch auf dem Papier kann Ihnen für die Entwicklung einer guten Anlage aber auf jeden Fall auch sehr hilfreich sein.

Kleines Friedhofs-ABC

Wofür gibt es eine Satzung? Wie verbindlich ist diese? Was sind Beetpflanzen, Bodendecker, Stauden und Rahmengehölze? Und was hat es mit den Eisheiligen auf sich? Antworten auf diese und weitere Fragen auch für Einsteiger.

Die Satzung: Hausordnung für den Friedhof

Die Satzung des jeweiligen Friedhofs gibt vor, was man aus gestalterischer Sicht darf und was nicht. Die Satzungen sind in den letzten Jahren deutlich liberaler geworden. Damit passen sich die Friedhofsverwaltungen, die die Satzungen herausgeben, den allgemeinen Trends rund um Tod und Bestattung an.

Nutzungsrecht für eine bestimmte Zeit

In der Satzung heißt der Angehörige, der ein Grab pflegt „Nutzer". Das hört sich auf den ersten Blick kalt und bürokratisch an, doch der Begriff hat sich aus dem Verhältnis, das Angehörige und Friedhofsverwaltung beim Kauf eines Grabes miteinander eingehen, entwickelt. Im eigentlichen Sinne kauft man mit einem Grab keinen Grund und Boden, sondern nur das Recht, den Platz für eine bestimmte Zeit und für einen bestimmten Zweck – Beisetzungen – zu nutzen. Friedhöfe werden in Deutschland von den Städten und Gemeinden als kommunale Anlagen für alle Bürger betrieben oder es sind die Kirchen beider Konfessionen, die sich mit der Verwaltung des Friedhofs beschäftigen. Damit sich jeder auf einem Friedhof zurechtfindet, sind die Flächen in der Regel in nummerierte Felder unterteilt, in denen jedes Grab ebenfalls eine Nummer hat. Übersichtspläne, die eine gute Orientierung ermöglichen, sind vor allem auf großen Friedhöfen wichtig. Sie sind meist im Eingangsbereich in den dort aufgestellten Schaukästen zu finden. Näheres ist oft im Internet zu finden.

Die wichtigsten Auszüge aus der Friedhofssatzung sind im Informationskasten im Eingangsbereich des jeweiligen Friedhofs ausgehängt. Die Langfassung halten die Friedhofsverwaltungen für alle Interessierten bereit. Bei einigen Gemeinden kann man sie heute im Internet finden.

Die Satzung eines Friedhofs kann man mit einer **Hausordnung** vergleichen: In ihr steht zum Beispiel, welche Grabarten auf dem Friedhof möglich sind, welche Formen und Materialien bei den Grabzeichen zugelassen sind, wer auf dem Friedhof gewerblich arbeiten darf und welche Dinge grundsätzlich erlaubt oder verboten sind. Angehörige, die ein Grab pflegen, dürfen auf dem Friedhof alle notwendigen Arbeiten vornehmen. Auch gegen Freundschaftsdienste wird niemand etwas einwenden. Doch wer gewerblich, also gegen Bezahlung auf dem Friedhof arbeiten will, muss von der jeweiligen Friedhofsverwaltung zugelassen werden. Mit zu diesem Vorgang gehört auch der Nachweis von fachlicher Qualifikation als Bestatter, Steinmetz oder Friedhofsgärtner.

Sinn und Zweck der Satzung

Ziel einer jeden Friedhofssatzung ist es, die Würde des Ortes zu bewahren. Da sich auf einem Friedhof viele Menschen mit ganz unterschiedlichen Ansprüchen und Auffassungen treffen, braucht man diese recht strenge Hausordnung um zu gewährleisten, das sich niemand in seiner Trauer gestört fühlt. Trauernde sind oft empfindlicher als Menschen, die aktuell keinen großen Verlust erlitten haben, auf Trauernde sollte deshalb immer Rücksicht genommen werden.

Gebührenordnung

Ein Blick in die Satzung ist auch dann immer wichtig, wenn es ums **Geld** geht. Die Gebühren für die Nutzung von Gräbern aber auch der Einrichtungen, wie zum Beispiel von Trauerhallen und Kapellen, sind in der Gebühren-

Was machbar ist und was nicht, regelt die Friedhofssatzung.

ordnung aufgelistet. Wer sie kennt, spart sich böse Überraschungen. Tatsache ist, dass die Gebühren auf den Friedhöfen seit Jahren steigen. Das hängt im Wesentlichen damit zusammen, das immer weniger und vor allem kleinere Gräber genutzt werden, die Fläche des Friedhofs aber für viel größere Grabstätten ausgerichtet ist. Diese Flächen, zu denen auch Wege und die hoffentlich gepflegte und schöne Rahmenbepflanzung des Gottesackers gehören, müssen von allen Grabnutzern mitfinanziert werden. Einige Gemeinden berechnen mittlerweile für größere Gräber weniger Gebühren als für kleine.

Nicht mehr ganz so streng

Die Satzungen waren früher wegen ihrer Strenge gefürchtet, doch heute lassen sie oft viel mehr zu als man auf den ersten Blick denken mag. Ein gutes Beispiel dafür sind Grabzeichen aus Glas oder glänzenden Metallen, die heute häufig Gnade vor der Satzung finden. Jedes Grabzeichen, das auf ein Grab gesetzt werden soll, muss zuerst von der Friedhofsverwaltung genehmigt werden. Bevor man sich für ein besonders ausgefallenes Grabzeichen entscheidet, sollte die Satzung deshalb gründlich studiert werden.

Jedes Grabzeichen muss genehmigt werden.

Natürlich kennen auch die lokalen Steinmetze und Friedhofsgärtner die jeweiligen Satzungen und beraten entsprechend. Eine schöne Möglichkeit für eine ausgefallene Gestaltung mit einem Grabzeichen geben viele Satzungen heute ebenfalls her: Dazu rückt man das Grabzeichen nicht direkt an den oberen Rand des Grabes, sondern man setzt es ein Stückchen weiter in das Grab hinein. Das sorgt für viel räumliche Tiefe und bietet bei der Gestaltung mit Pflanzen viele Möglichkeiten.

Entscheidungen sind meist für lange Zeit

Möchte man sich umfassend über eine bestimmte Grabart informieren ist es sinnvoll, sich zuerst die Grabart auf dem gewünschten Friedhof anzuschauen und sich dann mit der entsprechenden Satzung zu beschäftigen. Dort findet man neben den wichtigen technischen Angaben – welche Form des Grabzeichens ist zugelassen, ist eine Umrandung des Grabes aus Stein zwingend vorgeschrieben oder nicht – auch die Dauer der Ruhefrist sowie die Gebühren, die für die Nutzung des Grabes fällig werden.

Wer sich nicht selbst mit dem Papier auseinandersetzen will, fragt am besten seinen Bestatter, Steinmetz oder Friedhofsgärtner um Rat. Die Satzungen werden regelmäßig geändert und zum Beispiel um neue Grabangebote auf den Friedhöfen erweitert.

Gärtnerbetreute Felder und Gemeinschaftsanlagen sind heute auf vielen Friedhöfen in den Satzungen verankert. Auch wenn man sich schon länger mit dem Thema Grabpflege beschäftigt und regelmäßig auf den Friedhof geht, sollte man doch immer mal wieder in die Satzung schauen um Neuerungen nicht zu verpassen.

Satzungen sind eine trockene Angelegenheit, doch sich mit ihnen zu beschäftigen lohnt: Ist eine Entscheidung für eine bestimmte Grabart einmal getroffen und hat die Beisetzung stattgefunden, kann sie nur in absoluten Ausnahmefällen wieder rückgängig gemacht werden.

Beim Kauf eines neuen Grabes sollte bedacht werden, dass man gerade bei einem Wahlgrab eine Entscheidung trifft, von der auch die nächsten Generationen betroffen sind. Im günstigsten Fall muss der Kauf eines Grabes für die Familie auch eine gemeinsame Entscheidung der Familie sein. Beim Kauf eines Familiengrabes wird in der Regel neben dem aktuellen Nutzer auch ein Erbe eingetragen, der sich nach dem Tod des Käufers um das Grab kümmert. Dieser Weg verhindert Streitigkeiten unter Hinterblieben – ein Nutzungsrecht an einem Grab kann man schließlich nicht erben. Viele junge Menschen legen heute übrigens wieder Wert auf ein Grab, an dem sie selbst arbeiten und trauern können.

Wenn Friedhöfe zu Freizeitparks werden

So weit sollte es nicht kommen ...

In der Satzung ist geregelt, wie man sich auf dem Friedhof verhalten soll. Wer die Würde des Ortes bedenkt und sich entsprechend benimmt, kann kaum etwas falsch machen: Lautes Lärmen und laute Musik sind auf dem Gottesacker ebenso wenig angebracht wie Radfahren oder das Laufenlassen von Hunden. Häufig ist das Fotografieren verboten. Vor allem Menschen in ihrer Trauer sollte man nicht mit der Kamera beobachten.

Fahrräder müssen geschoben werden, Hunde sind an der Leine zu führen. Nur Behinderte mit entsprechenden Ausweisen dürfen Friedhöfe im Schritttempo befahren, auch den Profis, die auf dem Friedhof arbeiten, ist das Befahren erlaubt.

Trifft man bei seinem Besuch auf dem Friedhof einen Trauerzug, hält man sich ruhig im Hintergrund und lässt die Trauernden in Ruhe passieren. Profis wie Steinmetze und Friedhofsgärtner stellen dann ihre Arbeit für einen Moment ein.

Viele der großen Friedhöfe in den Städten ähneln heute eher großen und gepflegten Parks, die vor allem bei gutem Wetter von vielen Menschen für sportliche Aktivitäten oder einfach nur zum Spazierengehen genutzt werden. Wenn dabei auf die Trauernden Rücksicht genommen wird, wird kaum eine Friedhofsverwaltung etwas gegen die Freizeitaktivitäten haben. Mit den Erholungssuchenden kommt auch Leben auf den Friedhof, was von vielen Angehörigen gern gesehen wird.

Nachhaltiges Handeln ist gefragt

Die Satzung enthält nicht nur Verbote. Sie enthält auch die Pflichten, die man mit dem Nutzungsrecht eines Grabes übernimmt. Dazu gehört in erster Linie das Herrichten und Pflegen der Grabstätte – es sein denn, man hat sich nach gründlicher Überlegung für eine pflegefreie Grabform entschieden.

Auf eine Grabstätte dürfen keine Pflanzen gesetzt werden, die so groß werden, dass sie andere Gräber überwachsen oder zum Beispiel mit Früchten bedecken – **Obstbäume** sind deshalb in aller Regel verboten. In einigen Regionen steht der mittlerweile leider krankheitsanfällige Buchsbaum ebenfalls auf der Verbotsliste.

Pflanzenschutz ist auf vielen Friedhöfen ein heikles Thema. In der Regel gelten Friedhöfe als schützenswerte Frei- und Erholungsflächen, die nicht mit Pflanzenschutzmitteln behandelt werden dürfen. Hier ist Vorbeugen im Sinne der Pflanze – passender Standort, gute Pflege – wichtiger und sinnvoller als heilen.

Seit mehr als 20 Jahren gilt auf Friedhöfen in Deutschland außerdem ein **Kunststoffverbot**. Alle Dinge, die zur Dekoration des Grabes zum Beispiel bei der Trauerfeier und zu einem persönlichen Jubiläum, wie dem Todestag, verwendet werden, müssen kompostierbar sein.

Natürlich sind auch Blumen aus Kunststoff verboten – doch wer sich nur ein wenig mit dem Angebot der Natur auskennt, wird mit diesem Verbot kein Problem haben.

Immer wieder sind auf oder hinter Gräbern **Gläser** zu sehen, die in aller Regel ebenfalls verboten sind. Sicher sind die klassischen Grabvasen aus gestalterischer Sicht keine Hingucker, doch wenn sie umfallen, zerspringen sie nicht in tausend Scherben, an denen man sich bei der Arbeit am Grab schwer verletzen kann.

Werkzeuge für die Grabpflege

Gießkannen stehen so gut wie auf allen Friedhöfen zur Verfügung.

Wer wenigstens gelegentlich einen Haus- oder Vorgarten pflegt und ein paar wenige Gerätschaften dafür besitzt, ist in aller Regel auch für die Betreuung eines Grabgartens gut ausgerüstet. Und wer keinerlei Gartengeräte hat, kommt mit sehr wenigen Werkzeugen zurecht.

Für die Neuanlage eines Grabs helfen die klassischen **größeren Gartenwerkzeuge**, wie Spaten, Schaufel und Rechen. Mit ihnen lässt sich die Erdoberfläche lockern und einebnen, eventuelle Steine und grobe Erdklumpen können damit entfernt oder zerkleinert werden. Wenn Ihnen Gerätschaften fehlen, müssen Sie sie nicht unbedingt kaufen. Leihen Sie sie einfach bei einem Bekannten oder Friedhofsgärtner – im Idealfall direkt auf dem Friedhof, sodass gar kein weiterer Transport nötig ist.

Was Sie für die Arbeit auf dem Grab brauchen:
Generell
Handschaufel, Handharke, Gartenschere, Unkrautstecher, Handfeger,
Eimer, Knieschützer

Zusätzlich bei Neuanlage eines Grabs
Spaten, Schaufel, Rechen

Sobald die Grundanlage eines Grabs mit ihrer Bepflanzung fertig ist, geht es in den nächsten Jahren im Wesentlichen um die Pflege der Fläche und das gelegentliche Austauschen einzelner Pflanzen und der Saisonpflanzen. Für diese Arbeiten reichen **Handgerätschaften** meist völlig aus: Eine Handschaufel zum Pflanzen, eine Handharke zum Auflockern des Bodens, eine Gartenschere zum Schneiden der Pflanzen und eventuell noch einen Unkrautstecher. Als hilfreich erweist sich außerdem ein Handfeger, mit dem nach getaner Arbeit die Einfassung und der Grabstein gereinigt werden können. Gießkannen sind auf jedem Friedhof vorhanden.

Wer längere Zeit für die Arbeiten am Grab einplant, tut gut daran, etwas für den Knieschutz mitzunehmen. Es gibt professionelle **Knieschützer**, die kleidungsartig angelegt werden können. Auch ein festes kleines und strapazierfähiges Kissen leistet gute Dienste.

Alle Gerätschaften werden am besten in einem **Eimer** verstaut – dieser lässt sich vor Ort dann gleich auch für Wildkräuter und sonstige entfernte Pflanzen einsetzen, um diese zur Kompostsammelstelle zu transportieren. Und wer neue Pflanzen aufs Grab bringt, taucht diese mit ihrem Wurzelballen am besten vorher solange in Wasser, bis keine Luftblasen mehr aufsteigen und somit ein guter Wasservorrat angelegt ist – auch für diese Aktion eignet sich der Eimer.

Wenn größere Bepflanzungsaktionen anstehen, ist man gerade auf weitläufigeren Friedhöfen für Transportmöglichkeiten dankbar. Pflanzen und Pflanzerde sind gewichtsmäßig nicht zu unterschätzen! Auf manchen Friedhöfen gibt es Wägelchen zum Ausleihen. Auf anderen lohnt es sich, ein entsprechendes kleines Gefährt im Kofferraum des Autos mitzunehmen.

Begriffe rund um Grab und Pflanzen

Beetpflanzen: reich Blühendes für einige Wochen

Man kann unter Beetpflanzen im weiteren Sinne alles verstehen, was sich für eine gärtnerisch angelegte Fläche im Freien eignet. In aller Regel sind damit aber nur die blühenden Pflanzen gemeint, die für eine einzige Saison gepflanzt werden. Sie werden deshalb oft auch als **Saisonpflanzen** oder auch einjährige Pflanzen bezeichnet. „Saison" wiederum kann man in aller Regel mit Jahreszeit gleichsetzen: Zumindest für die drei wärmeren Jahreszeiten gibt es jeweils besonders geeignete blühende Pflanzen.

Diese werden nach einigen Wochen oder Monaten ausgetauscht, weil sie nach einer längeren Hauptblütezeit oft unansehnlich werden. Außerdem sind viele Saisonpflanzen nicht winterhart, ertragen also keine strengen Fröste.

Die kleinen Grabflächen lassen sich leicht unkrautfrei halten.

Saisonpflanzen bringen zuverlässig Farbe ins Spiel

Wer viel mit Saisonpflanzen arbeitet, muss häufiger auf den Friedhof, um die verblühten Pflanzen der Vorsaison durch neue auszutauschen. Dieser Austausch kostet natürlich auch Geld. Der Vorteil von Saisonpflanzen ist dafür, dass sie anders als die dauerhaften Stauden für Blütenbegeisterte über längere Zeit intensiv blühen. Die Palette der verfügbaren Farben ist sehr groß. Wer auf Gestaltung mit Farben setzt, wird hier fündig.

Bodendecker: grüne Gesamtwirkung

Bodendecker zeichnen sich dadurch aus, dass sie sich stark ausbreiten und die Erde dicht überwachsen. In aller Regel versteht man unter Bodendecker dabei vor allem niedrig und flach wachsende Pflanzen. Allerdings haben auch höhere Pflanzen, die man nicht ausdrücklich als Bodendecker bezeichnet, gut bodendeckende Eigenschaften. Bodendecker sorgen dafür, dass Wildkräuter wenig Chancen haben, sich zu entwickeln, sie reduzieren den Wasserverbrauch des Bodens. Und schließlich sorgen sie dafür, dass die Grabfläche insgesamt einheitlich grün und blühend wirkt und nicht nur als Sammelort vereinzelt stehender Pflanzen.

Eisheilige: nicht zu früh pflanzen

Gärtner weisen immer wieder darauf hin, dass die Saisonpflanzen für den Sommer nicht vor den sogenannten Eisheiligen auf das Grab gepflanzt werden sollten. Gemeint sind dabei Tage in der Mitte des Monats Mai. Bis dahin ist es selbst in einem insgesamt warmen Frühjahr ohne Weiteres möglich, dass es noch einmal Nachtfröste gibt. Diese würden die Pflanzenpracht entweder schädigen oder im schlimmsten Fall ganz zerstören. Insofern ist es lohnend, sich für die Bepflanzung Zeit zu lassen, das gilt insbesondere für höhere Lagen. In Mittelgebirgen verschiebt sich die Pflanzzeit auf Ende Mai bis Anfang Juni.

Der in den letzten Jahrzehnten wahrnehmbare Klimawandel hin zu höheren Durchschnittstemperaturen ändert nicht unbedingt etwas an dem Rat, die Eisheiligen abzuwarten. Zwar entwickelt sich die Natur mittlerweile früher und schneller. Die Gefahr von Nachtfrösten ist aber trotzdem weiterhin gegeben, auch wenn sie grundsätzlich etwas seltener werden dürften.

Gehölze: schwach wachsende verwenden

Diese Pflanzen zeichnen sich dadurch aus, dass ihre oberirdischen Pflanzenteile verholzen und über ihre Lebenszeit stetig weiterwachsen. Zumindest über viele Jahre werden sie deshalb ständig größer. Damit wird auch schnell deutlich, dass sie auf Gräbern mit Zurückhaltung eingesetzt werden sollten, denn die dort zur Verfügung stehenden nur kleinen Flächen bieten auf Dauer den meisten Gehölzen zu wenig Platz. Immerhin gibt es ausgewählte Züchtungen und Selektionen von schwach wachsenden Gehölzen, die sich für Kleinflächen besonders eignen. Das sind vor allem Nadelgehölze, aber auch schwach wachsende Laubgehölze.

Graberde: eigentlich nichts Besonderes

Im Handel, insbesondere in friedhofsnahen Gärtnereien und Gartencentern, wird oft spezielle Graberde angeboten. Auch wenn sich der Begriff zunächst eindeutig anhört, kann er Verschiedenes meinen. In mancher traditionellen Grabkultur wird Wert auf eine dunkle Erdoberfläche gelegt. Spezielle schwarze Graberden stehen dort zur Verfügung – sie werden nur in einer flachen Schicht oberflächlich ausgebracht. Das sieht selten naturnah oder individuell aus und starker Regen und andere Witterungseinflüsse zerstören den Eindruck auch schnell.

Für die Bepflanzung des Grabs lohnt es sich, gute Erden mit der vorhandenen Erde zu vermischen, insbesondere dort, wo der Friedhofsboden keine gute Basis für das Pflanzenwachstum bietet (sehr lehmige oder sehr sandige Böden). Für diesen Zweck muss aber keine speziell als „Graberde" ausgezeichnete Erde verwendet werden, jede gute Blumenerde tut dafür ihren Zweck.

Als Letztes sei auf Rindenerde hingewiesen, die aus mehr oder weniger groben Rindenstücken besteht und ebenfalls nur oberflächlich ausgebracht wird. Sie erfüllt im Grund den Zweck, den pflanzliche Bodendecker übernehmen können und sollen: Unkrautwuchs und Wasserverlust durch Verdunstung zu verhindern. Solche Rindenabdeckungen können vor allem in der Anfangszeit helfen, solange die Bodendecker und sonstigen Pflanzen sich noch nicht weit genug entwickelt haben.

Koniferen: die mit den Nadeln

Unter Koniferen versteht man Nadelgehölze und damit in aller Regel solche Sträucher und Bäume, die immergrün sind. Für Gräber kommen bestimmte schwach wachsende Arten und Sorten in Frage. Weil Nadelgehölze ihr Laub im Winter meist nicht verlieren, sorgen sie für besondere Wirkung auch in der kalten Jahreszeit und sind dekorativ, wenn Schnee auf ihnen liegt. Gleichzeitig wirken Koniferen allerdings auch schnell düster – und eben das ist ein Eindruck, den wir auf Friedhöfen sicher nicht verstärken wollen. Insofern lohnt es sich, Nadelgehölze auf Gräbern eher zurückhaltend zu verwenden.

Rahmenbepflanzung: Brücke zum Umfeld

Dieser Begriff ist zu hören, wenn friedhofsgärtnerische Gestaltungsfachsprache verwendet wird. Rahmenpflanzen sind höher wachsende Pflanzen auf dem Grab, die einerseits eine gestalterische Anbindung an das Grabzeichen schaffen können, andererseits das Grab in der Gestaltung auch in seinem Umfeld verorten. Zum Umfeld gehören die unmittelbar anliegenden Gräber ebenso wie die

Wechselbepflanzung ermöglicht saisonale Höhepunkte.

Grünanlagen des Friedhofs. Dieses Anliegen ist nicht einfach, denn die kleinen Grabflächen können nur sehr bedingt gestalterische Brücken für ein großes Umfeld schaffen. Oft ist deshalb die beste Brücke, die kleine Grabfläche eher ruhig und einheitlich zu gestalten und auf ein buntes Mischmasch zu verzichten.

Stauden: oft auch im Winter dekorativ

Landläufig versteht man unter Stauden kleinbuschartig kräftig wachsende Pflanzen. Botanisch und gärtnerisch meint der Begriff etwas anderes: Stauden sind ausdauernde, nach dem Winter wieder neu austreibende Pflanzen. Über den Winter sterben ihre oberirdischen Pflanzenteile ab. Dies unterscheidet sie von den Gehölzen. Allerdings sind auch die abgestorbenen und trockenen Triebe und Blütenstände so mancher Staude recht attraktiv und bieten einen besonderen Reiz, wenn Tau, Raureif oder Schnee auf ihnen liegt. Es lohnt sich deshalb aus ästhetischen Gründen, bei diesen Stauden nicht im Herbst alles „ordentlich" abzuschneiden, sondern damit bis zum Ende des Winters oder Frühlingsanfang zu warten.

Wechselbepflanzung: Tüpfelchen auf dem i

Auch dies ist ein Begriff der friedhofsgärtnerischen Fachsprache. Gemeint sind die Pflanzen, die nicht dauerhaft stehen, sondern saisonal ausgetauscht werden (siehe Beetpflanzen). Für die Wechselbepflanzung müssen auf einem Grab keine großen Flächen vorgesehen werden, eine kleine

Fläche oder mehrere kleine Ausschnitte auf einem ansonsten mit dauerhaften Pflanzen bewachsenen Grab reichen aus. So halten sich Arbeitsaufwand und auch Kosten für die mehrmals jährlich auszutauschenden Pflanzen in Grenzen – die Wirkung der meist intensiv blühenden Pflanzen ist dennoch groß.

Auch unter den Saisonpflanzen gibt es übrigens eine ganze Reihe von Arten und Sorten, die sich gut in eine naturnahe Gestaltung integrieren lassen. Dazu gehören einfach blühende und nicht solche, die sich durch riesige und gefüllte Blüten als Ergebnisse jahrelanger Hochzüchtung präsentieren. Saisonpflanzen müssen auch keinesfalls in strenger geometrischer Form aufs Grab gebracht werden, wie häufig zu sehen ist – mit einer geplanten zufälligen Verteilung auf dem Grab wirken sie als Dauerblüher natürlicher!

Wildkräuter: ungebeten und manchmal trotzdem willkommen

Wegen der richtigen Erkenntnis, dass es eigentlich keine Unkräuter im Sinne von nutzlosen Pflanzen gibt, wird heute in aller Regel stattdessen von Wild- oder auch Beikräutern gesprochen. Der sprachlich neuerdings recht freundliche Umgang mit den ungefragt sich auch auf Gräbern ansiedelnden Pflanzen darf allerdings nicht darüber hinwegtäuschen, dass sie für die Pflege zur echten Herausforderung werden können. Andererseits werden Sie hier und da auch beobachten, dass sich Pflanzen beispielsweise über Samenflug ansiedeln, die durchaus einen Reiz haben – dann zähmen Sie Ihren Jäteifer und lassen solchen Pflanzen wenigstens für einige Zeit ihren Platz! Beispielsweise unter den Disteln gibt es die eine oder andere sehr dekorative Art. Entfernt werden sollten Wildkräuter nach Möglichkeit allerdings, bevor sie Samen ansetzen und verbreiten – sonst werden die Angehörigen der benachbarten Gräber möglicherweise wenig freundlich reagieren, weil sie nun ebenfalls mit dem Wildkraut leben müssen.

Winterabdeckung: dekorative Gründe meist im Vordergrund

Gartenfreunde kennen diese Maßnahme als Schutz von empfindlichen Rosen oder auch anderen frostgefährdeten Pflanzen. Auf vielen Friedhöfen gibt es über den Schutz hinaus auch Gestaltungstraditionen, nach denen Fichten- oder Tannenzweige meist kunstvoll geordnet als dekorative Abdeckung auf dem Grab liegen. Das spielt vor allem dort eine Rolle, wo das Grab zu einem großen Teil mit Wechselbepflanzungsflächen gestaltet ist, die im Winter leer sind. Manche Friedhofsgärtner sind Meister der Gestaltung solcher Abdeckungen. Unbedingt nötig sind sie nicht – und gerade wo zur naturhaften Gestaltung vor allem Stauden verwendet werden, haben sie eher Nachteile, denn unter der Abdeckung ist es über lange Zeit feucht, was schnell zu Fäulnis und Pflanzenschutzproblemen führen kann.

Service

Jahreszeitenkalender

Was wann und wie pflegen?

Dieser kleine Kalender für die Pflege von Gräbern ist als Hilfe gedacht. Die Zeitangaben orientieren sich an der Entwicklung der Jahreszeiten in der Natur und an Bedürfnissen der Pflanzen. Die Angaben sind als ungefähre Richtwerte zu verstehen und sollen keinesfalls ein Zwang sein – für die Arbeiten am Grab gilt, was auch für die Trauer allgemein gilt: Lassen Sie sich Zeit und überstürzen Sie nichts. Einige dieser Arbeiten können erledigt werden, sind aber nicht zwingend nötig. Letztendlich hängt es auch davon ab, wie pflegeintensiv Sie das von Ihnen betreute Grab angelegt haben.

Januar und Februar

- *An frostfreien Tagen immergrüne Gehölze gießen*
- *Ab Ende Februar Winterabdeckung vom Grab entfernen*

März

- *Zeit für die Frühlingsbepflanzung auf dem Wechselbeet*
- *Gräser bis auf den Boden zurückschneiden*
- *Vorjähriges Laub von Stauden entfernen*

April

- *Pflanzen auf dem Wechselbeet regelmäßig bewässern*
- *Zeit für Grunddüngung von Bodendecker und Rahmengehölzen*
- *Ab Ende des Monats bis Ende Mai beste Zeit für Neuanlagen*

Mai

- *Nach den Eisheiligen Beginn der Sommerbepflanzung*
- *Bei Rhododendron Verblühtes ausbrechen*

Juni

- Frostempfindliche Sommerblumen pflanzen
- Beet regelmäßig gießen
- Verblühtes ausputzen
- Zeit für den ersten Schnitt des Bodendeckers

Juli

- Zu lang gewordene Sommerblumen stutzen
- Edelrosen nach dem ersten Flor leicht zurückschneiden
- Das gesamte Grab regelmäßig bewässern

August

- Zeit für den zweiten Schnitt des Bodendeckers
- Größere Reparaturen an Bodendecker oder Rahmenbepflanzung durchführen
- Das gesamte Grab regelmäßig gießen

September

- Ab Ende des Monats Beginn der Herbstbepflanzung
- Bodendecker oder Rahmenbepflanzung nicht mehr vor dem Winter düngen

Oktober

- Herbstbepflanzung vervollständigen und abschließen
- Erstes Laub vom Grab entfernen

November

- Winterabdeckung in Betracht ziehen
- In trockenen Jahren Dauerbepflanzung gründlich wässern
- Erste erfrorene Pflanzen aus dem Wechselbeet entfernen
- Ende des Monats Falllaub gründlich und restlos vom Grab entfernen

Dezember

- Eventuell vorhandene Winterabdeckung auf Vollständigkeit überprüfen
- Alle frostempfindlichen Pflanzen vom Grab entfernen

Adressen von Organisationen rund um Friedhof und Grabpflege

Deutschland

AETERNITAS
Der eingetragene Verein versteht sich als unabhängige und bundesweit tätige Verbraucherberatung für den Friedhof und für Bestattungsfragen. Eines der Ziele: „Aeternitas initiiert die Entwicklung zeitgemäßer Friedhofsanlagen, Begräbnisse, Grabeinrichtungen und Bestattungsformen."
Aeternitas e.V.
www.aeternitas.de

ARBEITSGEMEINSCHAFT FRIEDHOF UND DENKMAL
„Die seit 1951 bestehende Arbeitsgemeinschaft Friedhof und Denkmal e.V. (AFD) verfolgt das Ziel, die Öffentlichkeit im deutschsprachigen Raum über den angemessenen Umgang mit Sterben, Tod und Trauer zu informieren."
Arbeitsgemeinschaft Friedhof und Denkmal e.V.
www.friedhof-und-denkmal.de

VEREIN ZUR FÖRDERUNG DER DEUTSCHEN FRIEDHOFSKULTUR (VFFK)
Das Anliegen dieses Vereins wird im Namen deutlich. Dabei formuliert der VFFK ausdrücklich: „So, wie unser heutiges Leben von einer individuellen Lebensgestaltung bestimmt wird, so individuell sollten auch unsere Erinnerung und der Ort des Trauerns sein. Jeder Mensch hat ein Anrecht auf Gedenken und Erinnerung, so wie die Angehörigen ein Recht haben auf einen Ort für ihre Trauer an einer würdigen Grabstätte."
Verein zur Förderung der deutschen Friedhofskultur e.V
www.vffk.de

ARBEITSGEMEINSCHAFT FRIEDHOFSGÄRTNER-GENOSSENSCHAFTEN UND TREUHANDSTELLEN
Hier finden Sie Ansprechpartner und Informationen zur langjährigen Pflege einer neuen oder bestehenden Grabstelle. Rund 4500 Fachbetriebe gehören deutschlandweit zu dieser Organisation.
Arbeitsgemeinschaft Friedhofsgärtner-Genossenschaften und Treuhandstellen
Telefon: 0228/81002-44
E-Mail: friedhofsgaertner@g-net.de

Bund Heimat und Umwelt in Deutschland (BHU)
Der Bundesverband für Kultur, Natur und Heimat hat sich in verschiedenen
Veranstaltungen und Veröffentlichungen immer wieder auch mit dem
Friedhof auseinandergesetzt.
Bund Heimat und Umwelt in Deutschland (BHU)
www.bhu.de

Österreich
Bundesverband der Österreichischen Gärtner
In diesem Verband sind auch die Friedhofsgärtner in Österreich organisiert.
Die Geschäftsstelle gibt Auskunft zu Fragen rund um die Friedhofskultur
und Grabpflege.
Bundesverband der Österreichischen Gärtner
www.gartenbau.or.at

Schweiz
Stiftung PRO LUMINATE
Die Stiftung wird getragen von JardinSuisse, dem Unternehmerverband der
Gärtner in der Schweiz.
Stiftung PRO LUMINATE
www.proluminate.ch

Stiftung Dauergrabpflege
Dies ist die Treuhandorganisation der Friedhofgärtnereien in der Schweiz.
Treuhandorganisation der Friedhofgärtnereien
www.grabpflege.ch

Buchtipps

James, Christiane: Taschenatlas Pflanzen für das Grab. 184 geeignete
   Blumen und Sträucher. Stuttgart: Verlag Eugen Ulmer, 2012.
James, Christiane: 50 Gestaltungsideen für Gräber. Stuttgart: Verlag Eugen
   Ulmer, 2009.
Kleinod, Brigitte: Gräber gestalten: liebevoll und schön. Stuttgart: Verlag
   Franckh Kosmos, 2010.
Nobbmann, Lüder: Stauden und Gehölze in der Grabgestaltung. Sortiment,
   Verwendung, Symbolik, Pflanz- und Pflegetipps. Stuttgart: Verlag Eugen
   Ulmer, 2004.

Nachgeschlagen

Der Autor

Christoph Killgus, Filderstadt, ist Gartenbauingenieur und Fachredakteur.

Bildquellen

Alle Fotos stammen von Christoph Killgus.

Impressum

Die in diesem Buch enthaltenen Empfehlungen und Angaben sind vom Autor mit größter Sorgfalt zusammengestellt und geprüft worden. Eine Garantie für die Richtigkeit der Angaben kann jedoch nicht gegeben werden. Autor und Verlag übernehmen keinerlei Haftung für Schäden und Unfälle. Der Leser sollte bei der Anwendung der in diesem Buch enthaltenen Empfehlungen sein persönliches Urteilsvermögen einsetzen. Hinweis: Der Verlag Eugen Ulmer ist nicht verantwortlich für die Inhalte der im Buch genannten Websites.

Bibliografische Information der Deutschen Nationalbibliothek
Die Deutsche Nationalbibliothek verzeichnet diese Publikation in der Deutschen Nationalbibliografie; detaillierte bibliografische Daten sind im Internet über http://dnb.d-nb.de abrufbar.

© 2014 Eugen Ulmer KG
Wollgrasweg 41, 70599 Stuttgart (Hohenheim)
E-Mail: info@ulmer.de
Internet: www.ulmer.de

Lektorat: Sabine Drobik, Antje Munk
Herstellung: Gabriele Wieczorek
Umschlagentwurf, Innenlayout, Satz: red.sign, Stuttgart: Anette Vogt
Druck und Bindung: Firmengruppe APPL, aprinta druck, Wemding
Printed in Germany

ISBN 978-3-8001-8273-2